投资理财实战：

财商思维与资产组合配置策略

彭福军◎著

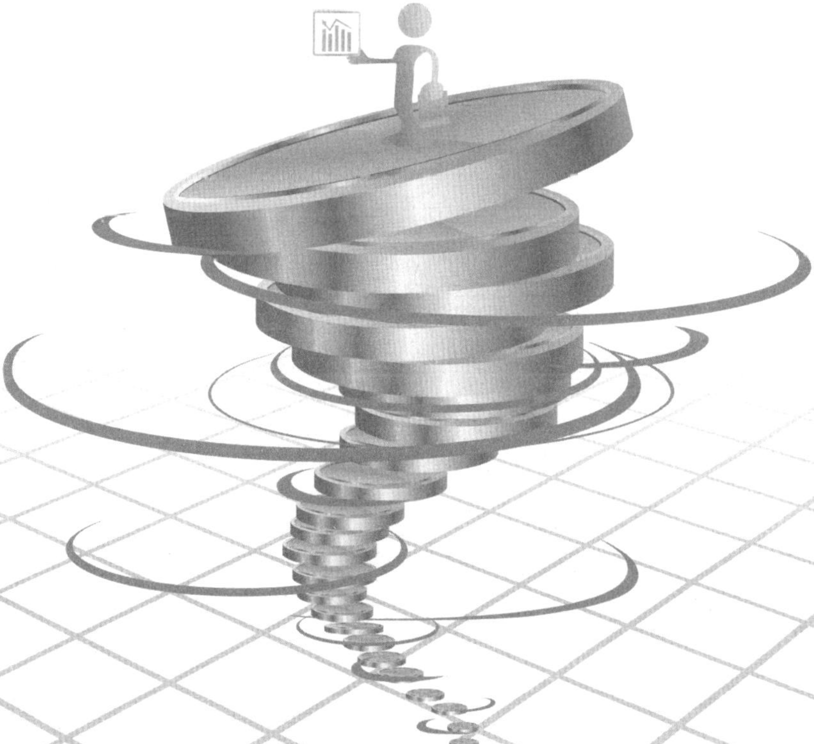

中国铁道出版社有限公司
CHINA RAILWAY PUBLISHING HOUSE CO., LTD.

内 容 简 介

随着我国经济的不断发展，投资理财已经成为当下最热门的话题之一。与此同时，怎样培养财商思维，怎样进行资产的合理配置，都已成为投资者必须思考的问题，且备受业内人士的关注。

随着投资理财难度的与日俱增，投资者对于资产配置的要求也是越来越高。部分投资者急需一些资产管理类的实战书籍对其进行指导。

本书立足于投资者的需求，以帮助投资者合理投资为目的，对财商思维、基金债券、外汇黄金、股票股权、房产、保险、地方债、家庭信托等多方面进行深入讲解，图文并茂地为投资者进行案例式讲解。

图书在版编目（CIP）数据

投资理财实战:财商思维与资产组合配置策略/彭福军著.—北京:中国铁道出版社有限公司，2020.8

ISBN 978-7-113-26919-7

Ⅰ.①投… Ⅱ.①彭… Ⅲ.①投资-基本知识 Ⅳ.①F830.59

中国版本图书馆CIP数据核字（2020）第084304号

书　　名：投资理财实战：财商思维与资产组合配置策略

作　　者：彭福军

责任编辑：吕　芝　　**读者热线**：(010)63560056

责任印制：赵星辰　　**封面设计**：崔丽芳

出版发行：中国铁道出版社有限公司（100054，北京市西城区右安门西街8号）

印　　刷：三河市宏盛印务有限公司

版　　次：2020年8月第1版　2020年8月第1次印刷

开　　本：700 mm×1 000 mm　1/16　**印张**：15.5　**字数**：193千

书　　号：ISBN 978-7-113-26919-7

定　　价：59.00元

前言

为什么有的人每天都在奔波，却几乎没有攒下钱，一个很重要的原因就是没有学会投资理财。通过观察大多数成功人士的历史轨迹可以发现，他们除了会赚钱以外，更会投资理财。

正所谓“你不理财，财不理你”。如果还像之前那样把资金牢牢攥在自己的手里，那这些资金很可能无法发挥应有的作用，甚至还会因为某些原因而不断贬值。

对于个人而言，投资理财是实现财富保值、增值的重要手段之一。因此，在新的经济背景下，每个人都应该成为投资者，跟随时代的脚步，开启属于自己的投资理财模式。

这时投资者就需要根据市场的发展趋势，制订符合自身情况的投资理财计划。另外，随着财富规模的增长，投资者的投资理财需求也有了新的发展。目前，投资理财需求在三个方面有新的变化。

变化一：投资理财需求由单一走向综合化；

变化二：投资理财需求由被动化为主动化；

变化三：财富管理和传承需求扩大化。

虽然投资理财需求发生了新的变化，但投资者也不能掉以轻心，因为没有哪一种投资理财行为会随随便便成功。投资者需要对自己的现金流、预期收益目标、能够承受的风险进行准确判断。而且还要明确一个重要的前提：不能影响正常的生活质量。

但是，很多时候投资者的投资理财并没能顺利获得收益，问题多出在没能认清市场的情况，盲目进行投资理财。而且在投资理财时，投资者也面临着很多挑战，导致自己受到严重的经济损失。

此外，很多投资者还缺乏与投资理财相关的知识和技巧。例如，不了解如何打理自己的资产，不知道如何选择和购买基金，没有培养数据思维和股票投资思维等。

本书正是抓住了这一痛点，指导投资者如何进行投资理财，从而帮助投资者缓解因投资理财带来的担忧和恐慌。本人将长年积累的知识和实践经验浓缩成这本书，奉献给每一位投资者。

书中不仅穿插了一些极富借鉴意义的案例，还穿插了图片，一方面可以丰富读者的阅读体验，另一方面可以突破以往那种单调、枯燥的纯文字形式，使内容变得更加有趣和多样化。

值得一提的是，只要是重要的技巧性内容，本书都以图片的形式进行展现，主要目的就是要让读者留下更加深刻的印象。另外，本书的文字内容也力求诙谐幽默、浅显直白，以便让投资者在轻松愉快的氛围中学到投资理财的知识和方法。

投资有风险。学习理财的重要一点就是最大限度地避免风险。

通过对本书的学习，大家可以迅速掌握投资理财的真谛，并尽快实现资产的增值，突破投资理财的困局。我相信，本书带来的投资理财学习之旅一定会非常完美。

彭福军

目录

理财思维篇：让理财更有依据

进阶理财篇：做好风控，基业长青

理财思维篇

让理财更有依据

第1章

价值理财：经济标准及价值衡量方法

价值理财是指通过投资有价值的资产实现保值、增值的目的。价值在某种程度上是一定的，而价格是随着实际情况，在价值上下不断波动。

本章将为各位投资者讲解分析宏观经济数据对经济的影响，以及“财”的真实价值与意义。

1.1 宏观经济数据参考标准

宏观经济数据可以体现整体经济的情况，对于投资理财有重要分析和参考作用。

它主要包括国内生产总值、国民生产总值、消费者物价指数、生产者物价指数等。本节将为大家从五个方面介绍宏观经济数据。

1.1.1 GDP：国内生产总值

国内生产总值主要是指在某一既定时期一个国家内生产的所有最终物品与劳务的市场价值（出自N·格里高利·曼昆《经济学原理》）。

它是用来衡量国家经济运行状况的重要数据。

1.1.2 GNP：国民生产总值

国民生产总值是指一个国家的公民在某一时期内获取的经济成果进行初次分配的结果（出自许宪春《中国国内生产总值核算问题研究》）。

计算公式为：

国民生产总值 = 国内生产总值 + 来自国外的净要素收入

国民生产总值 = 国内生产总值 + 生产税和进口税扣除生产、进口补贴（来自国外的净额）+ 雇员报酬（来自国外的净额）+ 财产收入（来自国外的净额）

它对最终产品的价值进行了计算，它计入了产品生产和服务创造的价值，反映了现代产业化结构和第三产业的经济作用。

国民生产总值的不断提高，有利于经济的不断发展，也是适合投资的信号。

1.1.3 CPI：消费者物价指数

消费者物价指数是指居民购买产品与服务的价格波动的表现情况（出自卞志村《中国物价指数：现状、问题与修正》）。它受生产者物价指数的影响，它的价格指数是指生产产品与提供服务所带来的价值的总和，在经济体系中占有重要地位。

它不仅反映了居民的购买能力，度量通货膨胀，而且对投资也有深远影响。

投资者应该选择在消费者物价指数较高的时期进行投资。这时人们的购买能力良好，投资者项目生产的产品也能迅速卖出，获得良好收益。

1.1.4 PPI：生产者物价指数

生产者物价指数是反映生产的产品价格变化走势与变化幅度的一项数值（出自张卉妍《北大百年讲堂精华》）。它是制定经济政策的重要依据。企业生产产品的出厂价格，不一定是消费者的购买价格，因为企业会以更高的价格将产品转移给消费者。因此，生产者物价指数对市面上产品的价值变动有影响。

生产者物价指数上涨，消费者物价指数也会相应上涨，股价也会上涨，整体经济形势良好，有利于投资者参与投资。

1.1.5 PDI：人均可支配收入

人均可支配收入是居民可用于消费支出和储蓄的总和（出自高鸿业《微观经济学（第七版）》。即居民可用于自由支配的收入，包括现金收入和实物收入。

一般可视为，人均可支配收入指数与生活水平成正比关系，人均可支配收入越高，生活水平越好。

对投资者而言，人均可支配收入增长时，会出现大量寻找合适渠道的投资者，容易出现投资过热的情况。

1.2 "财"的时间价值及误区

关于理财，很多人存在认识方面的误区。曾经的"万元户"，现在对很多人来说只是一个月工资而已；如果在腾讯上市时，购买 50 万元腾讯股票，现在已是亿万富翁，这都是时间在中间起作用。

1.2.1 复利：巴菲特投资年增长率仅为 24%

福布斯曾发布的全球富豪榜中，沃伦·巴菲特以 727 亿美元的财富排名在第三位，前两位分别是 792 亿美元的比尔·盖茨和 771 亿美元的卡洛斯·斯利姆。

那么，沃伦·巴菲特这些年投资增长率是多少？1957 年，巴菲特成立非约束性的巴菲特投资俱乐部，掌管的资金仅有 30 万美元，到目前坐拥 727 亿美元，这意味着什么？沃伦·巴菲特这些年投资增长率仅为 24%。

这就是复利的秘密。如果你用 30 万美元进行理财，如果年增长率是 50%，10 年之后，您拥有多少钱？即 30 万美元 ×（1+50%）^{10}，约为 1 730 万美元。20 年后呢？约 10 亿美元。32 年后呢？你将以约为 1 290 亿美元的财富成为全球首富。沃伦·巴菲特的黄金搭档，美国投资家查理·芒格说：“明白了复利的威力和想要取得它的难度状况，就是认识其他投资事项的开端。”

到美国纽约旅游过的人都知道，该地最为昂贵的地产，在纽约的最中心区——曼哈顿。这块地产是 1626 年一位白人从印第安人那儿以仅值 24 美元的玻璃珠换来的。很多今日的美国人谈起此事，都取笑当时的印第安人太傻，只会做赔本生意，这么好一块地皮竟然只以区区 24 美元就卖了。

但是美国著名基金经理彼得·林奇却不这样看，他计算过，如果当时的印第安人，把这 24 美元存在银行里，每年仅得到 8% 的利息，到了今日，连本带利，数额已经远超过曼哈顿地产今日的总价值。并且最值得惊讶的是，这个总额是曼哈顿地产总值的 1 000 倍。从复利的观点来看，这绝对是正确而且科学的。

哈佛商学院教授曾提出一个问题，靠一张 0.1 毫米厚的白纸能到达月球吗？能。如果这张白纸足够大，将其对折 44 次，其厚度就可以到达月球。所以复利的价值对我们理财来说，不可不重视。1 美元，每年翻 1 倍，持续 30 年，最后的数字会是多少？答案是 10 亿美元，准确的数字是 1 073 741 824 美元。

从上面的例子可以看出，复利的持续累加是相当可怕的事情，即便是基数相当小，但持续累加下去也能创造出一个惊人的结果。理财界里有句话说：“最重要的一个成功因素是复利。”既然复利如此好，是不是复利越高越好？不，复利过高，很可能就是一个陷阱。

在一个有限的世界里，高增长率必定走向自我毁灭。如果这种增长的基数小，那么在一段时间内这条定律不一定奏效。但如果基数很大，那么当事人的结局将是：高增长率最终会压扁它自己的支撑点。

美国天文学家塞根在谈及每 15 分钟分裂一次繁殖的细菌时已经很有趣地形容了这一现象。塞根说："这意味着每小时翻 4 番，每天翻 96 番。尽管一颗细菌的体重仅有大约 1 克的一万亿分之一，但经过一天疯狂的繁殖后，它们将像一座大山那样重……两天之内，它们将会比太阳还重……"不过，大可不必杞人忧天，因为"总有某种障碍会阻止这种指数式的增长"。

证券市场的历史资料告诉我们，最杰出的复利增长者——沃伦·巴菲特，也仅维持了 24％的常年投资报酬率，而大部分人都达不到这样的水平。千万不要梦想通过短期暴利来加速复利的增长，这是谁也无法做到的，能保证一个长期增长的较高的复利就已经是相当成功的业绩了。复利对我们的启示如图 1-1 所示。

一	保持长期稳定高效能充电
二	不要寄希望于长期获得高复利增长
三	不要对高增长率的理财产品期望过高
四	在基数小的情况下也要从复利角度考虑问题

图 1-1　复利对我们的启示

1. 保持长期稳定

要想成为理财的王者，不是靠一两次的胜利，而是靠长期稳定的复利增长。

2. 不要寄希望于长期获得高复利增长

由于市场的高效率，长期获得高报酬率的复利增长是不现实的，所以每当获得一次极高的投资收益时，首要考虑的是如何保住成果，而不是梦想着乘胜追击。

3. 不要对高成长的理财产品报有过高的期望

一个很简单的数学依据：如果理财产品每年增长1倍，5年后整个理财产品将成长32倍，10年后将成长1 024倍，这显然是不现实的。所以自认为发现了好的理财产品却又没有耐心等待逢低买入的人，不用担心股票有一天会突然飞到天上去；而已经持有低位买入的好股票的人，既不要把短期获利目标定得过高，也不要天天盼望着自己手中的理财产品快速上涨，最后失去耐心，过早抛出。

4. 在基数小的情况下也要从复利角度考虑问题

在基数小的情况下容易产生较高的复利，但是正因为基数小，所以大部分人往往不会很重视。如果不从复利角度考虑问题，将会犯下更多的错误，反而妨碍了资金的稳定增长，这还不是最糟糕的，更坏的情形是浪费了时间这一无价财富，并且养成坏的习惯甚至死不悔改。

1.2.2 理财的最高境界不是投资而是投“机”

投资者如果能够抓住机会在市场的价格波动中获取收益，就创造了财富。而机会一旦错过，投资者的财富不仅不会增加，还有可能损失一部分。因此，人们经常说“投机是投资的最高境界”。

迈克·马加斯是一位成功的美国投机大师。很多出色的投机大师刚出道时都经历过不少失败，而后从失败中吸取经验和教训，最终获得成功。马加斯也是如此。大学毕业后，马加斯成为一名期货公司的信息员。

早期投资交易让他非常沮丧，马加斯一而再、再而三的尝试都以失败告终，个人账号落得爆仓的下场。

“失败乃成功之母”是亘古不变的真理。经历连番失败，马加斯找到了出错的原因，辞去了自己的工作岗位。之后马加斯受邀担任了出市代表，后来又受雇为职业炒家，为公司管理基金。由于马加斯管理的基金的盈利好几次都超过了公司内其他基金经理的盈利总和，因此得到了公司重用。10 年之内，马加斯成功地将自己管理的账户由 3 万美元变为 8 000 万美元，净值增长了 2 500 倍。

1973 年，美国宣布停止执行价格管制计划，直接后果就是美元汇率大幅下跌，美国通货膨胀问题严重。当时的马加斯已经有了出神入化的投机功夫，在全面上升的市场中堪称常胜将军。但是，马加斯也曾因大意犯下过严重错误，错失了良机。

当时，大豆期货由 3.25 美元 / 蒲式耳暴升至 12 美元 / 蒲式耳（一蒲式耳相当于 35.238 升）。在大豆升市之中，马加斯一时冲动将所有多头平仓，原本寄希望于大豆出现回吐时再度买入，却忘记了师父斯科特告诉自己的“一定要在证实市势已经逆转后才可以离开市场，赢钱必须赢到尽”的教诲。

平仓之后，马加斯眼睁睁看着大豆连续 12 日涨停板，既惊讶又悔恨。当时的马加斯每天回到公司都会看到师父斯科特因为享受到大豆涨停板的利润而欣喜不已，而自己却要忍受坐冷板凳的痛苦。对马加斯来说，上班已经变成了一种难以忍受的折磨，这次投机失败给予马加斯一个刻骨铭心的教训。

之后的马加斯在投机过程中更加小心谨慎，几乎没有犯下过一个错误。马加斯有着三位一体的交易原则：当基本因素、图表分析发出相同信号、市场基调与大市走势互相配合三个因素都相互配合时，才重注出击。马加斯大部分利润均来自三位一体的交易。其中，市场基调与市场走势是否相互配合在马加斯的交易原则中占有重要地位。

20 世纪 70 年代末期，大豆进入牛市阶段，市场上的大豆供不应求。当时的美国政府每周都会宣布非常强劲的大豆出口数字。在这种情况下，大豆价位自然被推高，当时的马加斯拥有非常多的大豆多单。

有一天，马加斯的经纪人告诉马加斯，大豆的出口数字再创高峰，大豆暴升，但是马加斯持有的多单并没有满仓。市场普遍认为即使没有增加新的多仓数量，大豆合约依然会连续三日涨停板，马加斯对于自己尚未满仓而感到不悦。第二天，大豆果然以涨停板的姿势开出，随后大豆合约在涨停板价位出现大手的成交量。然后，忽然之间，大豆合约回头下跌，马加斯得偿所愿，买入了更多的大豆合约。

当时的马加斯心想：真奇怪，大豆本应该连续三日涨停板才能与市场消息相配合呀。经过片刻的深思，马加斯感觉到了一丝异常，立即通知经纪人沽出手上所有多头合约，并且反手抛空。一时之间，马加斯成为市场的疯狂大沽家，最终大豆价位大幅下跌，马加斯大获全胜。马加斯的成功案例充分证明利好出笼，而市势未能做出相应的上升时，可以放心地沽空。

马加斯认为，天分是顶尖的投机大师不可缺少的东西。事实上，要想成为一个具有竞争力的投机大师，并且依靠投机维持生计，努力是踏上成功路途必备的条件。对于经常亏钱的投机者和初入行的投机学徒，马加斯给出了以下忠告：

（1）每一次买卖最多只能输掉本金的 5%，这样你就有出错 20 次的机会。如果不断出错，那么直到第 20 次才会全军覆没。正常来说，只要保持一半的分析正确率，但在盈利时赚得更多，最终是会获利的。

（2）在进入股市之前一定要为自己设置切切实实的止损盘，不能自欺欺人。手中无止损，但是心中应当有止损，入市的交易单只有伴以离市的止损单，才能保证在一定价位立即斩仓离场。就算刚入市 5 分钟，只要你感到危险来临，也应该毫不犹豫地平仓，即使他人认为你的做法有问题也不应犹豫。

（3）出色的投机大师都是独断独行的。很多优秀的投机大师各有各的特长，同时也会有不同的弱点。假如一个投机大师经过四处访问之后才决定下注，那就可能将所有人的缺点集于一身，造成不堪回首的后果。还有很多专家本身都不是实际入市的投机者，他们的建议更加没有必要听从。四处寻求建议的做法还会使自己的自信心下降，从而变得畏首畏尾，使自己的交易系统不能保持前后一致，最终因为三心二意而输得莫名其妙。

（4）必须要限制入市买卖的次数。常言道“上的山多终遇虎”，做得越多，出错的可能性越大。投机者应当把握最好的机会，然后再放手入市。投机者成功的关键就是能否守株待兔，等待入市时机。

（5）投机者可以通过对自己账户净值每日画图了解自己的交易状态。观察净值的走势、了解自己的进退对炒卖成绩有很大的帮助。当你的净值江河日下，这个警号就应当引起你的注意了。为了确保自己能够在投机市场里生存下去，必须时刻保持警醒。当你对自己的投资事业感到迷茫时，应当暂时离开市场放假休养，等到恢复精力后再加入战斗。根据投机大师们以往的经验，休息对投机者有百利而无一害。休息之后，投机者的头脑会变得更加清醒，更有可能取得良好的进展。

1.2.3 价值参考的重要标准

标准普尔公司的服务对象是投资者，可为投资对象提供信用评级和独立的分析研究以及理财咨询服务。

标准普尔 500 指数也由标准普尔公司编制，它是反映全球股市表现的标准之一，为投资者提供价值参考依据。

标准普尔 500 用于记录美国 500 家上市公司的股票指数。标准普尔 500 指数覆盖的所有公司，全部为在美国纽约证券交易所以及纳斯达克交易的上市公司。与道琼斯指数相比，标准普尔 500 指数涉及的公司范围较广，能够更好地反映市场的变化。

标准普尔指数以保留 500 只成分股为前提，增减维持不变。

如图 1-2 所示，增加个股的 6 项考量原则如下。

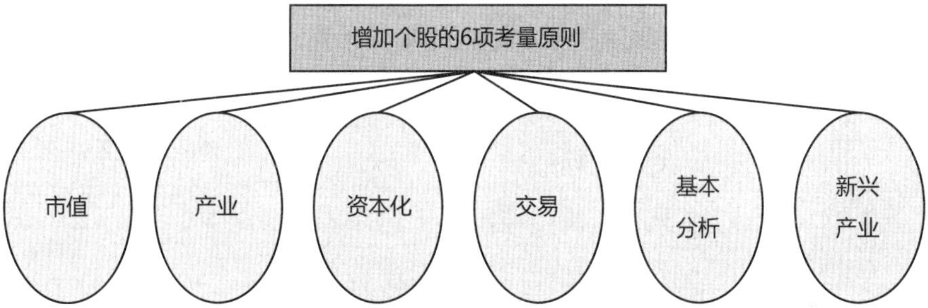

图 1-2　增加个股的 6 项考量原则

（1）市值：由于标准普尔 500 指数作为市值加权型指数，个别公司将产业领域的市值作为考量的首要因素。

（2）产业：考量产业在美国的经济体系中所占地位。

（3）资本化：分析股票在外的流通程度，减少被少数团体操控的可能性。

（4）交易：按照每股的日、月、年进行交易的流动性分析，同时分析股价的正常效率化。

（5）基本分析：追踪公司的财务及营运状况，减小变动维持指数的稳定。

（6）新兴产业：新兴产业不包括在原有分类中，只要符合以上 5 项标准，则可考虑加入。

如图 1-3 所示，减少个股有如下 4 项考量因素。

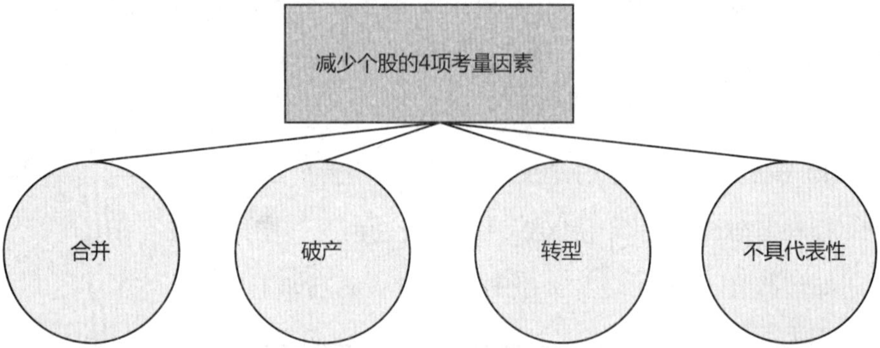

图 1-3 减少个股的 4 项考量因素

（1）合并：公司合并后，被合并的公司将排除在指数考察范围外。

（2）破产：公司宣告破产。

（3）转型：转型后的公司不再属于原来的产业分类。

（4）不具代表性：被其他同产业公司取代。

1.2.4 谁偷走了你的钱

俗语说得好："吃不穷，花不穷，算计不到就要穷。"或许，在我们埋头赚钱的同时，银行存款正被悄悄地"偷"走。这都是因为通货膨胀。

通货膨胀是在以纸币为流通手段的条件下，货币供给大于货币实际需求，导致货币贬值而引起物价普遍上涨的现象。换句话说，当货币数量的增长速度超过实物数量增长速度时，就会产生通货膨胀。

假如，货币总量是 100 元，实物总量是 100 千克大米，那么每千克大米的价值就是 1 元；如果第二年大米生产增加了 100 千克，市场上有 200 千克大米，货币增加了 200 元，货币总量为 300 元，那么第二年每千克大米的价值就是 1.5 元。

以本金设定为 1 万元，5 年为一个周期举例。

从 2014 年到 2018 年，某国连续 5 年的 CPI 分别为 3.35%、5.41%、2.65%、2.63% 和 1.99%。

5 年平均价格指数为：（3.35%+5.41%+2.65%+2.63%+1.99%）÷5=3.206；

同期 5 年期存款利率为 3%；

5 年物价变动情况为：10 000×（1+3.206%）^{5}=11 709（元）；

5 年期定期存款到期金额为：10 000×（1+3%）^{5}=11 593（元）。

通过数据可以看出，把资金以银行 5 年存款利率计算后，资金已经亏损了 116 元。将资金存到银行，不但让银行免费使用了 5 年资金，还亏损了 116 元。

那么，如果把钱放在某一个债券产品上，以平均预计年化 8.8% 的收益来计算，依然以 1 万元本金 5 年周期为例：

5 年到期金额为：10 000×（1 + 8.8%）^{5}=15 246（元）；实际购买力变动为：15 246−11 709=3 537 元；经过计算，1 万元经过 5 年期的理财，投资债券的收益为 5 246 元。

由此可见，理财并非一件简单的事，需要我们掌握科学的方法和技巧。

第 2 章

财商思考：经济学原理与数据思维

投资需要理论和方法支撑，具有财商的投资者依靠知识和工具进行有效投资，就能获取丰厚的回报。

本章将为你介绍分析财商思考的正确方式以及理财技巧，帮助投资者树立正确的财富理念。

2.1 “财”“矢量”的合成

很多人拥有一笔不小的财富，却不知该如何理财。个人投资理财时，首先应当制定一个理财目标，然后充分分析自己的财物现状和所能承受的最大风险，通过合理安排收支，选择风险收益特征不同、期限结构不同的投资产品组合，达到平衡收益与风险的目的，实现理财价值最大化。

2.1.1 理财中的经济学杠杆

理财中的经济学杠杆就是指通过负债将社会资源集中起来，将其投入到其他领域，并从中获得回报。利用经济学杠杆理财是一种高段位的理财技能。在投资、创业、消费等领域中，有很多基于经济学杠杆的融资方法和工具，可以使理财者达到事半功倍的效果。

很多人都认为无债一身轻，他们总是将债务与穷困、疾病、游手好闲等负面信息联系在一起，大部分人听到“借钱”这两个字的第一反应一般都是躲避。对于他们来说，负债等同于一个绝对的贬义词。但事实上，借钱与负债并没有那么可怕。

具备经济学知识的人都知道，一家完全没有债务的企业财务状况可能并不理想。因为没有负债就等于企业只能动用自家的资金，企业的发展就会有很大的局限性，资金的周转压力也大。反之，如果一家企业能与银行合作，甚至得到上市融资资格，在偿还能力范围内尽可能多地负债，同时将负债转换成增加收益的资本，就能借助银行、股民的资金使公司发展壮大。

同样，在日常生活中，只要我们的房贷、车贷、信用卡透支等额度都在适度范围内，就属于良性负债。虽然有的时候需要为负债付出一定的成本，但只要投资得当，通过负债获得的流动资金完全可以获得更多的回报。

受传统思维影响，脚踏实地地筹集到一定量的财富，再进行各种投资是最常见的思维模式。

在当今时代，信用经济的环境已经逐步发展起来，购房、购车、购物等都可以通过负债提前实现消费愿望。除房贷、车贷常用的银行贷款外，各类消费贷款、汽车金融贷款、网络购物“白条”、小额信贷等越来越多的负债工具出现在我们的日常生活中，生活可利用的空间也越来越大。

例如，传统的信用卡消费模式，持卡人在善用免息期的前提下，无须申请就可以轻松提前消费，还没有任何利息，信用卡形式的消费非常适合我们应对日常花费。

对于有购房需求的人群来说，昂贵的房价以及后续装修给他们带来了巨大的压力，一些购房者因此将购房计划无限期搁置。

但如今，住房贷款的普及，以及装修消费贷款方式的多种选择，购房者不仅能获得更多的选择，而且还可以享受更多的福利。在合理的范围内，适度进行提前消费，获得更有质量的人生，这已经成为一种新时代的消费理念。

负债不仅可以在资金短缺时提前消费，还可以“借鸡生蛋”，用别人的钱来赚钱。但一般来说，不建议投资者为了一项风险投资而大量举债，因为大量举债大概率会对投资心态产生不利的影响，导致错误的决策。但是当投资或创业机会来临时，恰当利用合适的负债工具，充分利用经济杠杆效应，可大幅提升资金回报率。

比如，经验丰富、风险承受能力高以及经济实力雄厚的投资者可以在市场出现投资机会时选择期货、融资以及分级基金等工具实现证券投资的“借鸡生蛋”。而对于手握优秀产品设计以及市场规划的创业新手来说，可以有效利用信用贷款、抵押贷款、担保贷款等进行“以小博大”的财富创造。

物理学上，使用滑轮能让人们花一半的力气提起同样的重物，而善用经济杠杆能让投资者距离财富更近。为了积累财富而用劳动力赚钱是理财的初级阶段，而让别人的钱为自己赚钱是理财的高级阶段。在经济杠杆作用下，成功不再局限于自己手中有限的资本。只要获得的资产回报率高于融资成本，那么这笔借贷就是一笔“好买卖”。

无论借钱举债的原因是什么，都要选准最合适的渠道。谨慎评估自己是否拥有与借款金额相匹配的偿还能力，同时将风险控制在自己和家庭可承受的范围内，这是理性借贷的关键。

“每月还款不超过借款人或借款人家庭总收入的三分之一”是不少银行审核借款资格的依据标准。银行理财专家建议，偿还能力评估可根据家庭的资产负债率（即家庭债务与家庭资产之比）和每月还贷比（即每月还贷额与家庭月收入之比）进行判定：若两个指标均在50%以下，是较为安全的；如果保守一些，则可将上述两个指标控制在30%左右，同时预留一部分高流动性资产。

“减少利率高的贷款，如若需要只借短期；利率低的贷款则可较多利用，防止为借贷而借贷的现象发生”是聪明人的借款原则。对大部分人来说，最需要借贷的时候应当是机会来临的时候。

2.1.2 价值投资

每一位投资者都希望自己的投资产品可以低进高出，但是低进高出的依据是什么呢？众多投资大师的成功经验都表明一个事实，以价值为驱动可以获得良好的成效，价值投资可以获得长期稳定的收益。

英国著名的基金经理和投资人安东尼·波顿(Anthony Bolton)有“欧洲的彼得·林奇”之称，曾经在富达国际有限公司长期担任董事总经理兼高级投资经理职位，他管理的“富达特殊状态基金”在近 30 年里达到 20.3% 的高复合增长率，比同行以及同时期的英国基准股指 7.7% 的增长率高出很多。

安东尼·波顿一直推崇“反向操作”的投资理念，从来不会盲目追踪热点股，而是将自己全部的精力用于寻找那些正处于“特殊状态”的公司。安东尼·波顿认为：“‘特殊状态’公司就是那些价格相对于资产、股利或者未来每股收益而言具有吸引力，还具备其他特色、有可能对股价产生正面影响的公司。”

安东尼·波顿说：“很有潜力但价值不为众人发现的股票是投资首选，还有那些具备并购题材股票的公司也在我们的考虑范围内。”一项统计数据显示，安东尼·波顿平均持有一个股票的时间仅为 18 个月。他说：“我们总是在重复发现价值股票、持有至充分估值后卖出、再转向另一个价值股票的过程。”在实际操作中，安东尼·波顿何时卖出股票完全取决于估值状态，有的股票持有五六年，有的只有几个月。

安东尼·波顿是价值投资的坚定奉行者，他告诉我们的事实就是，价值投资不一定是长期持有。价值投资的核心应当为买入价值被错误低估的股票，而被低估值的原因是市场恐惧、市场不够理解等。有一些低估值公司正处于高速成长期，持有这一类股票的时间可以适当延长。

由于公司的经营环境一直都处在变化中，所以有些公司可能无法实现长期高速增长。一旦公司本身及其经营环境发生了重大变化，或者股价下跌真实反映了公司未来成长价值低的时候，就应当果断放弃持有。

2.1.3 四类理财误区

许多人理财时常会陷入“钱越理越少”的困境，大多是因为没有树立正确的理财观念。投资者常常会陷入以下 4 个误区。

1. 盲目跟风

理财产品可选择的种类繁多，但是不同类型的投资者一般有不同的投资理财方式。

有些投资者喜欢盲目跟风，总是跟着别人买，别人推荐什么他就购买什么。这种行为是错误的，因为别人可以承受的风险，自己不一定能承受。所以，理财要选择适合自己的产品，千万不要盲目跟风。

2. 理财产品种类太多

虽说都懂得“把鸡蛋放在不同的篮子里”的思维可以降低风险，但是在投资理财时也不要太过于分散。有些投资者一口气投资了 10 多只基金。如此多的基金需要花费投资者很多的时间和精力。因此，普通投资者选择基金的数量最好不要超过 5 只，在投资股票时也不要过于分散。

3. 理财产品换得太勤

基金、股票等理财投资产品一般都需要以长远的视角去看，不能只看短期收益。很多投资者只关注短期收益，无法长期坚持下来。基金定投专家孙朋说：“基金就是要傻傻地买，聪明地卖，但是定投一定得坚持。”股票操作与基金一样，都锻炼人的耐力。一些耐心不够的投资者总是换来换去，结果是捡了芝麻，丢了西瓜。

4. 篮子都在同一辆车上

虽然是把个人的鸡蛋放到了不同的篮子里面，但这些篮子却是在同一辆车上，这种情况表现出来，就是投资者将所有的资产全部投放到了某一个投资品种上，当某个投资品种出现行业大危机时，虽然自己也分散了，但分散的品种都可能会出现问题。明智的做法是尽量多元化配置个人资产，债券、黄金、股票、基金、大宗商品等都可以适当配置。

2.1.4 需要摒弃的思维，你具备几条

性格决定命运，思维决定高度。在投资理财领域，这句话同样具有重要意义。

为了获得更多的投资回报，有些非理性心理、坏的习惯和不良行为需要尽快摒弃。

1. 暴富心理

很多人心存一夜暴富的幻想，当看到别人买彩票中奖、股市挣到钱后，心里便跃跃欲试。在这种思想下，自己去投资时也会让目光仅停留在短期收益上，而忘记事物发展的规律。

一般有暴富心理的人都比较急切，但是投资往往需要足够的耐心。投资大师林奇说：“投资和减肥一样，决定最终结果的不是头脑，而是耐心。”任何投资都需要耐心，没有耐心、抱着暴富的心态去投资，往往欲速则不达。

2. 懒

懒这根筋人人都有，是一个万能的推脱理由，任何不相干的事情用这一个字可以解释。不过相应的结果就是很多事情也会因为这个原因而“懒得发生”，比如工作太累懒得完成，能力不足懒得学习，于是升职

加薪基本上也就与你无关；谈恋爱懒得主动，自然喜欢的人很难考虑你；而理财懒得动脑，那么能保住本金已是万幸。

理财需要多学习，多思考，只有不断地升级自己的思维，才能跟上投资的趋势。

3. 糊涂账

记账是一个很好的习惯，不仅可以知道投资了多少，也可以算出投资回报率。

4. 花钱太随意

有些人对花钱没有节制，导致自己连投资的本金都没有。我们可以把一些无意义的开支停止或是延后，或者把一些必要开支项目之外的内容做个排序。

随意消费背后的原因往往是没有财富观念，更没有理财计划，而有了计划之后的行为则会目标性更强、满足感更好。

5. 依赖借贷

信用卡估计每个人手里都有几张，还有各种如花呗、借呗等网络借贷方式，用好了它们会为各种日常生活带来便利，可以增加资金流动性，还可以解决资金紧张的问题。但若是没节制、没计划地随意使用，就可能令自己陷入困境。

2.2 理财战略：钱生钱的数学思考

理财方案的制定需要一定的专业理财知识，否则就难以保证方案的正确性和可执行性。

2.2.1 投资理财就是要精打细算

把数学思维应用于理财投资时，可以把散乱的信息构建为立体的信息形态，像小时候做数学应用题一样，需要我们每个投资人做到精打细算。

比如，对于投资中的各类金融产品，我们可以用数学算法从投资成功率、预期收益值、投资失败的可能值、实际产生亏损的概率、流动性比较等几个角度做出分层分析。

拿国债和储蓄这两种投资方式来说，两者的成功概率几乎相同，预期收益值相比之下国债更具优势，投资失败可能性两者都处于极低的范畴，实际产生亏损的概率也都极低，流动性方面两者几乎相同。

我们再用同样在银行内出售的地方债和国债这两种投资方式进行比较，两者的成功概率相差并不大。国债具有最高等级的信用背书，而预期收益值方面地方债更具优势，投资失败可能性比国债更低一些，实际产生亏损的概率两者都较低，流动性方面地方债更有优势。经过分析计算概率估值等一系列比较，存款、国债、地方债的特点就能用最直观的数据呈现出来。

当对投资的理财产品运用数学算法进行立体评估后，再加上概率学的应用，具体产品的特质就会很明显地展示在自己面前，适合自身要求的投资品种就会脱颖而出了。

“精打细算”是一种深刻的智慧，投资理财不会精确计算，迟早会将财产损失殆尽，它和理财规划的作用同样重要。精打细算、理财规划这些都与数学思维息息相关。

具体到投资中产生的各类计算，都可以用数学做精确计算。如果不进行计算，许多结果和我们自认为的观点相差巨大。

1. 波动性

假如你拥有资产 1 000 万元，第一年赚 40%，第二年亏 20%，第三年赚 40%，第四年亏 20%，第五年赚 40%，第六年亏 20%，资产剩余 1 405 万元。按这样的计算，6 年时间资产的真实年化收益率仅为 5.83%，仅高于 5 年期凭证式国债的票面利率。

2. 补仓价格

假如投资者在某只股票价格 100 元的时候买入 10 万元，如今跌到 50 元再买 10 万元，那么股票持有成本就降到了 66.7 元 / 股。

3. 持有成本

假如投资者有 1 000 万元，投资某股票盈利 10%，当把持有股票卖出的时候，可尝试着留下 100 万元市值的股票。这时，手中股票的持有成本为 0，意味着接下来长期持有将毫无资金压力。如果长期看好这家公司未来发展，也可尝试留下 200 万元市值的股票，这只股票的盈利由 10% 提升到了 100%。但是，假如此时的股票价格下跌超过了 50%，将面临亏损。

4. 资产组合

假如投资者有 1 000 万元，现有两种理财产品 A 和 B，A 是年利率为 5% 的无风险理财产品，B 是年利率为 20% ~ 40% 的风险理财产品，如果分别投资 800 万元的理财产品 A 和 200 万元的理财产品 B，以一年期计算，预期收益最高值可能是 12%。

5. 每天 1%，每年 200%，10 年 10 倍

假如投资者拥有资产 100 万元，预期收益率为每天收益 1%，以每年 250 个交易日精确计算，可得出 1 年的资产拥有量约增为 1 203.2 万元，若以 2 年计算，资产拥有量总数约可达 1.45 亿元。

假如投资者拥有 100 万元，预期收益率为每年收益 200%，以连续 5 年计算，投资者拥有的总资产将达 2.43 亿元。但是，如此高额的收益在现实中很难持续。

假如投资者拥有资产 100 万元，计划 10 年后资产总量达到 1 000 万元，20 年后达到 1 亿元，30 年后达到 10 亿元，那么，年化收益率需要达到 25.89%。

2.2.2 简单的四步法让理财轻装上路

对于财富的增长和积累，不是一朝一夕的事，而是一场持久战；资产配置也并不是天女散花，它更像是精耕细作。适合自己的金融产品在经过风险分级后，通过对产品的分级管理和控制，风险意识会更加成熟，资产的总体收益也更趋于稳定，不会随某个行业的风向转变而受到影响。

有人将投资理财比作下围棋、练太极拳，异曲同工之处在于它们的招式都不多，但是需要不断实践和总结，通过坚持不懈的练习，然后推陈出新，想出更多更有效的技巧来。

投资理财需要具备 4 个数学思维，如图 2-1 所示。

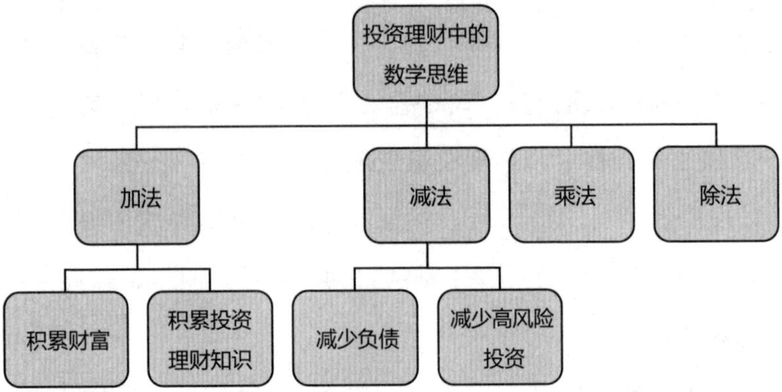

图 2-1 投资理财中的数学思维

1. 加法

投资理财凭借的就是积少成多，这就需要做加法。其主要包括 2 个方面：一是积累财富；二是积累投资理财知识。

（1）积累财富

如何积累财富呢？

首先，要合理规划生活开支，做到合理地消费，懂得更好地花钱，才会懂得更好地赚钱。比如，月薪 2 万元的人想买一辆 50 万元的车，那么他就要努力赚钱，再存下 50 万元。

其次，合理规划闲置资金。不要将自己的财富闲置在银行里，要尽量使用闲置资金提高资金的使用效率，实现财富增值。

（2）积累投资理财知识

巴菲特说：“想要一辈子都能投资成功，并不需要天才的智商、非凡的商业眼光或内线情报，真正需要的是在决策时参考健全的知识架构。”

当今社会的现实就是有钱人的财富越来越多，而穷人的财富越来越少。另外，市面上的投资理财产品越来越多，品种不断更新，如果投资者不努力学习，而是选择跟风投资，就会很容易遭受巨大损失。

学会投资自己，这是十分重要的一点。比如，通过学习某项职业技能等方式来提升自己的能力，为自己创造工作中的升职加薪的筹码。从长期来看，投资自己也会使得财富增长。

2. 减法

投资理财中的减法，有以下 2 种方式：

（1）减少负债

对于大多数人来说，减少负债可以先从减少信用卡消费开始。信用卡就是今天使用明天的钱，将未来的财富预支。每一次刷卡就是一笔负债的增加。一旦你没有在指定的日期内还债，就要承担高额的信用卡循环利息。

（2）减少高风险投资

高风险的投资收益也相对较高，但是这种高收益的产品是以高风险为代价的，一旦投资失败，很多人可能会因此倾家荡产。

中产家庭的风险承受能力较好，可以配置不超过 30% 的高风险投资，但也要保持谨慎，最好选择品牌知名度高、股东背景良好、无违规记录的上市公司的股票。但是工薪阶层的风险承受能力较差，投资理财要以稳健为主，在选择产品类别时，应当选择风险相对较低、安全性较高的产品。

3. 乘法

“好风凭借力，送我上青云”的效果可以很好地形容乘法数学思维。这种数学思维是指善于借势、借力的思维。在投资中，有以下 3 种常见的乘法思维：

（1）杠杆

假如你有 10 万元，你又借了 30 万元，这样就拥有 40 万元的投资金额。

（2）借势投资

如个人投资者担心自己参与投资的风险较大，于是选择凭借专家的力量去赚钱。

（3）通过第三方机构配置理财产品

一般来说，平台比个人在筛选理财产品更加严格，在一定程度上从源头上为投资者把控了投资风险。所以，投资者如果在投资理财中能够学会利用乘法数学思维，就能够更快地累积财富。

4. 除法

用除法可以筛选出高质量的投资项目。例如，原计划投资 10 只股票，因为精力有限，压缩为 3 只。其实，缩小投资规模、减少高风险投资等都用到了除法思维，尤其是市场行情不好的时候。投资者要谋求轻装上阵的除法效应，轻松做好投资理财。

2.2.3 投资组合与资产配置

当投资对象风险较高时，投资者应适当兼顾一些风险低的投资产品。尽管低风险投资产品的利润较低，但是可以更好地保证效益，就等于降低了高风险投资项目的投资成本，在总体上降低了投资风险，提高了投资盈利。

当投资对象主要是一些低风险的投资项目时，因为收益较低，投资者应兼顾多种低风险投资项目，以此来提高收益。这种运用平台思维互补互助的组合模式就是投资组合。

投资组合是个人投资理财的最佳方式。由于个人为经济主体单位，因此，在进行投资组合时，资产配置工作相对简单。而对于企业或单位，进行投资组合，会承担更大的投资风险。因为企业的兼顾性能比较小，且投资面积较大，一旦进行复杂的资产配置，势必会增加投资难度。

资产配置是理财规划的关键。人生的不同阶段对财富的需求不同，这就要求投资者在规划理财投资的时候，把资产科学合理地配置到不同的理财渠道及产品上，以此不断满足各个时期的需求。

资产配置方法因人而异，但是最佳的资产配置是每个人都追求的目标。一旦资产配置失误，结局就无法再改变，因此资产配置非常重要。资产配置不但具有科学性，更具艺术性。即便认识到了资产配置的重要性，态度谨慎，也不一定能做好资产配置。资产配置是一门深奥的学问，但也有章可循。要想合理配置资产，在投资理财过程中应当遵循以下 4 个原则。

1. 风险性

在投资理财过程中，不管投资什么产品，风险性都是首先遵循的原则。因为投资理财的根本目标是使个人或者家庭的财务状况保持良好，还应当以满足日常生活所需为前提，同时争取获得更大的收益。在这样的目标引领下，资产的安全性成为保证各项目标任务实现的基础。

2. 流动性

作为一个普通人，我们不仅有生老病死，还需要吃穿住行。投资者在考虑产配置时，眼光要放得长远，既能保证当前生活，又能兼顾未来发展，避免出现紧急事情时发生措手不及的情况。在资产配置时，现金以及易变现资产理应占据一定比例，也要尽早规划教育、住房、养老等未来支出。保险也是一项必要的家庭投资理财方式。投资品种的期限长短变现的难易程度就变得尤为重要。

3. 收益性

作为一名普通人，之所以如此积极地参与投资，就是为了赚更多的钱，保障未来的生活。因此，在资产配置过程中，必须坚持高风险与低风险理财产品相结合的原则，但要注意不能为了追求高收益而罔顾风险的资产配置方式。

4. 起投门槛

再好的投资品种，如果自己连起投门槛都够不到也是白搭，不同品种的起投门槛有区别，一般货币基金、银行里面卖的国债、地方债的起投门槛都是很低的；银行理财的起投门槛一般在 5 万元左右，定融类政信债起投门槛一般 10 万元起，私募、信托的起投门槛至少都是 100 万元起。股票的起投门槛也比较低。因此，在个人金融资产有限的情况下，就必须要考虑好适合自己的投资品种。

2.2.4 建立商业王国的秘密

巴菲特领导的伯克希尔·哈撒韦公司，是一家多部门控股、多元化投资的综合性大公司。该公司持续经营净收入 198.4 亿美元，营业收入 1 946 亿美元，堪称全球最赚钱的联合企业。该公司从每股账面价值 9 美元上涨到 20.9 万美元，公司市值增长了 1.8 万倍，是名副其实的全球股价最昂贵的股票，市值年复合增长率为 21.6%，远远跑赢同期标准普尔 500 指数 9.9% 的年复合增长率。

该公司坚持多元化投资理财战略，涉及保险业、建筑业、地毯制造商、快速消费品、航空和私人喷气机业务。旗下的子公司包括美国第六大汽车保险公司 GEICO、世界四大保险公司之一的 General Re、最大的非保险公司伯灵顿北方圣达菲铁路（BNSF Railway）以及服装制造商 Fruit of the Loom 等。同时，还投资包括富国银行、通用电气、国际商业机器公司 IBM、美国运通公司 American Express 以及可口可乐公司等，如表 2-1 所示。

表 2-1　伯克希尔·哈撒韦公司投资组合的部分持股

投资对象	IBM	英特尔	维萨	富国银行	强生	卡夫
持股（单位：万股）	6 400	933	229	36 137	3 745	8 975

为什么伯克希尔·哈撒韦公司成为商业帝国，原因就在于巴菲特独特的投资战略定位。巴菲特在管理哈撒韦公司时曾提出过两件事。

第一件事，他永远不会解散伯克希尔·哈撒韦，因为公司的运转十分理想，所以被解散的可能性几乎为零。伯克希尔·哈撒韦公司的子公司与总公司采用同样的纳税申报表，这在很大程度上避免了子公司被迫欠下巨额债务为企业利润增长提供资金的局面，节省了数百万美元的税款。如果一些子公司的利润、规模增长到达上限，其资金会被立刻转移到其他领域。如此一来，伯克希尔·哈撒韦公司就可以实现最大化的扩张规模。

第二件事，他把伯克希尔·哈撒韦视为各股东的公司。尽管巴菲特是公司最大的股东，拥有 34% 的投票权，几乎可以做任何他想要做的事情。但是，巴菲特永远将股东的利益放在第一位。无论是公司结构，还是做出收购决策，巴菲特首先会考虑所有股东的最大利益，这就是巴菲特的思考模式，他是为各位股东服务的。

因此，在面对经济动荡导致的利润波动时，巴菲特能够保持冷静。同时，巴菲特从未分拆伯克希尔·哈撒韦公司的 A 类股，他更看重长期价值，而非短期业绩。他也不会去购买很平常甚至糟糕的业务。巴菲特认为，保持管理层注意力的集中，是保证良好的基本业务的基础。

为了拥有更多的阅读和思考时间，巴菲特只做那些自己能做好的事。这样也让伯克希尔·哈撒韦公司的多元化投资理财定位大获成功。

第 3 章

理财升维：像专业投资公司一样打理你的资产

随着经济的不断发展，人民生活水平不断提升，越来越多的投资者涌现。他们拥有良好的学识，为了能让财富延续下去，不断进行各种类型投资的尝试。

虽然他们有资产保值与升值的需求，但是在实际运作过程中，也一样会遇到不同的问题。本章将为大家讲解怎样进行理财思维的升级，如何做到像专业的投资公司一样打理自有资产。

3.1 流动的钱：你只需要比 50% 的人懂的多一点

在投资市场中，真正了解经济规律与投资项目的投资者并不多，大多投资者都是因为拥有一定的财富积累，而具有资产配置以赚取更多利润的需求。

然而，投资者并不需要殚精竭虑，只需要比普通投资者多懂一些，就已经能在投资市场站住脚跟。因此，在投资之前，一定要学习投资的技巧，这样才能更好地配置资产。

3.1.1 博傻理论：有风险不可怕，不是最后一个就好

博傻理论是指投资者在资本市场中不在意一件产品的真实价格，反而愿意花高价购买，主要是因为，还会有其他人愿意出更高的价格将产品买走。因此这个理论告诉投资者，傻并不可怕，只要不是最后一个将商品买走的人就好。

博傻理论揭示了投资背后的意义，投资者需要判断，是否还会有下一任买家从自己这里买走商品，这样自己就会成为赢家，只是获利多少的问题。而不同投资者对于未来价值判断的不一致性支持了博傻理论的存在与发展。

博傻行为分为理性博傻和感性博傻，前者是在知道博傻游戏的情况下自主进入，时刻准备通过快速投资获得利润；而后者是在不知情的情况下进入博傻游戏。

3.1.2 理财策略：专业知识 + 工具

越来越多的投资者愿意投身于资产配置的浪潮中，于是，怎样做好财务管理，怎样让资本合理地升值与保值，成为投资者需要考虑的重要问题。

那么，投资者应如何做好财务管理呢？内容如下。

1. 投资者需要根据自身财务情况，制定合理的理财目标

投资者在制定目标时，一定要符合以下三个原则。

（1）投资者在制定理财目标时，需要切合自身的发展方向与未来发展轨迹

例如，投资者期望未来能为孩子建立更好的教育环境，在前期进行资产配置就要符合未来的这一发展轨迹要求。

（2）投资者的理财目标在制定时必须具体

例如，投资者想要购买一辆车，前期需要准备多少资金、经过多久完成这件事情，都需要有很好的规划。

（3）投资者针对不同的理财内容要区别优先级别，做好预期计划

例如，先购置房产还是先购置保险，这就需要投资者依据自身情况和投资项目而定，理性对待各项理财产品。

2. 对项目内容的风险进行评估，不要存在赌徒心理

在进行财富配置过程中，投资者需要有大体的风险预估准备，在风险承受能力之内做投资。同时，新手投资者在进行风险预估时，要先进行风险测评，对自身承担风险的能力进行大致认识，明确自己的行事风格为稳健型抑或激进型，再决定在投资理财时需要注意的问题，做更加个性化、针对性的理财分析。

3. 撰写资产配置方案

进行投资理财时最好用分散资产的方式来规避风险，同时分为风险型、稳健型、保本型、保障型这 4 种类型的资产配置。

例如，股票、基金这类高风险、高收益的投资理财方式属于风险型投资，投资者可以分散一部分投资资金用于风险投资。

投资者还可以将一部分资金买入国债、银行理财产品，在这一市场中收获保本、保息的收益。

最后，适当将一些资金用于购买黄金、基金、保险等保障型资产，作为今后的有效保障。

通过这样的合理搭配，投资者的资产才能获得更好的稳定性、收益性和流动性。

4. 适时开展财务诊断

投资者在做投资理财的规划之前，要了解家庭每月的收支情况和资产负债情况，并制成表格，对家庭的财务状况进行大致掌握，再进行财务平衡。

5. 资产方案微整

当进入投资市场时，如果投资者投资了某家企业的基金，这家企业的一举一动就需要引起投资者足够的重视。当这家企业的财务状况发生变化时，投资者的理财方案就需要根据实际情况及时做出调整。只有结合自己实际情况和贴近实际的风险评估来选择投资，才能找到适合自己的理财产品。

在飞速迭代的发展大浪潮中，投资者需要找准自身位置，为资产进行合理化的配置，这样才能在财富利益最大化的同时贴近人生规划，使资产一直延续它强大的生命力。

3.1.3 省钱之道

在物质和机遇都相对匮乏的时期，“勤俭节约”这四个深入几代人骨髓中的汉字，对于财富积累发挥了很大的作用，但随着时代的变迁，类似“缝缝补补又三年”的节约方式虽然看上去仿佛已经很难适用于今日，但依然可以萃取其内在的精髓。

从投资理财的角度上讲，省钱之道如果是建立在对自身和未来需求的准确分析和定位的基础上，对资金的收支等配置建立详细的中长期计划，那么不论是对个人或者是对家庭来说，财富就可以在规划的指引下发挥极大的作用。这样的省钱之道其实也可以概括为是有规划的财务行为指导，与“勤俭节约”的精髓相同，重视未来，指导当前。

省钱之道的核心思想是要清晰界定欲望与需求。欲望是没有界限的满足，表现在购买力上，会被实际的财富支配能力所限制；而需求是建立在朴素现实里的生存要求。欲望无止境，需要适当压制；需求简单直观，不可缩减。

不同的资产情况下，投资理财的需求会让省钱之道有很多具体的方法，需要注意的一点就是不同财富支配范围内的人，切莫陷入某个群体的固化思维中，一旦思维被固定，行为就会形成一种惯性的方式，很容易陷入困境而违背投资理财的初心。这时的财务行为虽然看上去一直在用力，实则是在圆形转轮中奔跑的仓鼠，只能在原地徘徊，极难逃出牢笼。

日常的生活之中，有三方面的钱是不可以节省的：一个是学习性开支，一个是合理投资性开支，一个是保障性开支。这三点一个是对未来发展的投入，一个是财富增值的投入，一个是对整个体系的保护性投入。

省钱是为了让财务更具计划性，以保证个人或家庭的财富规划能够更好地达到预期的增长目标，而不是为了省钱而省钱，切莫因惯性的省钱行为而偏离初心。

3.2 财务三张表，月月要理

公司财务是投资者在投资前和投资过程中都需要着重调查研究的重要内容，因为财务状况往往能够反映出企业经营现状、存在的各种隐患、未来的发展方向等问题。因此，投资者需要在财务方面做好心理准备，认真细致地查看财务报表等内容资料。

在调查研究公司财务状况的过程中，投资者主要会看公司的三大财务报表，包括资产负债表、现金流量表和利润表。这三个表格能准确地反映出企业的收入、支出和效益。

只有企业拥有稳定的财务状况和优质的发展前景，才适合投资者投资。

3.2.1 资产负债表

投资者在财务规划与预测方面，第一个要考虑的表格就是资产负债表。投资者可以通过资产负债表了解企业的权益构成，明确知晓管理层是否对于资源进行了合理的利用，未来资产是否能得到增值，最终决定是否投资。投资者要注重对于资产负债预测表的审查。

那么，资产负债表都涉及哪些内容？投资者怎样进行资产负债表的审查呢？

对资产负债表所包含项目的详细解释，如表 3-1 所示。

表 3-1　资产负债表包含的项目及解释

包含内容	详细解释
货币资金	企业库存现金、银行结算户存款、外埠存款、银行汇票存款、银行本票存款和在途资金等货币资金的期末余额
短期投资	企业购入的各种能随时变现，持有时间不超过 1 年的有价证券以及不超过 1 年的其他投资
应收票据	企业收到的未到期也未向银行贴现的票据，包括商业承兑汇票和银行承兑汇票
应收账款	指企业在正常的经营过程中因销售商品、产品、提供劳务等业务，应向购买单位收取的款项
其他应收款	企业在商品交易业务意外发生的各种应收、暂付款项
预付账款	企业预付给交易单位的款项
应收补贴款	企业按照国家规定给予的定额补贴款项
存货	企业在日常活动中持有以备出售的产成品或商品、处在生产过程中的在产品、在生产过程或提供劳务过程中耗用的材料或物料等
其他流动资产	除货币资金、短期投资、应收票据、应收账款、其他应收款、存货等流动资产以外的流动资产
长期投资	不满足短期投资条件的投资，即不准备在 1 年或长于 1 年的经营周期之内转变为现金的投资
固定资产折旧	在固定资产使用寿命内，按照确定的方法对应计折旧额进行系统分摊
无形资产	企业拥有或者控制的没有实物形态的可辨认非货币性资产，包括商标权、专利权等
递延资产	本身没有交换价值，不可转让，经发生就已消耗，但能为企业创造未来收益，并能从未来收益的会计期间抵补的各项支出
其他长期资产	除流动资产、长期投资、固定资产、无形资产和长期待摊费用以外的长期资产
递延税款借项	所得税费用小于应缴所得税的差额，是采用纳税影响会计法进行所得税核算的企业，预付所得税款的资产。
短期借款	企业为维持正常的生产经营所需的资金或为抵偿某项债务而向银行或其他金融机构等外单位借入的、还款期限在 1 年以下（含 1 年）的各种借款
应付票据	企业在商品购销活动和对工程价款进行结算因采用商业汇票结算方式而发生的，由出票人出票，委托付款人在指定日期无条件支付确定的金额给收款人或者票据的持票人
应付账款	企业（金融）应支付但尚未支付的手续费和佣金
预收账款	企业按照合同或者双方约定向购买单位或接受劳务的单位在未发出商品或提供劳务时预收的款项

续上表

包含内容	详细解释
应付工资	企业对员工个人的一种负债，是企业使用职工的知识、技能、时间、精力，而应给予职工的一种补偿（报酬）
应付福利费	企业准备用于职工福利方面的资金。比如，职工的医疗卫生费用、职工困难补助费，以及应付的医务、福利人员工资等
应交税金	企业应交未交的各项税金，如增值税、消费税、所得税、资源税、土地增值税、城市维护建设税、个人所得税等
应付股利	企业按投资协议规定应该支付给投资者的利润
其他应交款	企业需要向国家缴纳的各项款项中除了税金以外的各种应交款项，主要包括教育附加费、车辆购置附加费等
其他应付款	指企业除应付票据、应付账款、应付工资、应付利润等以外的应付、暂收其他单位或个人的款项，包括应付保险费、存入保证金等
其他流动负债	用以归纳债务或应付账款等普通负债项目以外的流动负债的资产负债表项目
预计负债	根据有关事项等相关准则确认的各项预计负债，包括对外提供担保、商业承兑汇票、产品质量保证、未决诉讼、重组义务以及固定资产等产生的预计负债
长期借款	企业向银行或其他金融机构借入的期限在 1 年以上的各项借款
应付债券	尚未偿还的各种长期债券的本息
长期应付款	企业除了长期借款和应付债券以外的其他多种长期应付款
其他长期负债	偿还期在 1 年或者超过 1 年的一个营业周期以上的负债，除长期借款、应付债券、长期应付款等以外的长期负债
实收资本	投资者作为资本投入企业的各种财产总额，包括货币资金、实物、无形资产三种

投资者对于资产负债表的审查可以参考上述表格，这方面需要注意的是，表格里的数据需要和公司实际业务运行相符合。同时，投资者需要眼明心亮，辨别有真实价值的数据信息，及时发现错误并且产生质疑。

投资者对资产负债表的观察有利于投资者明确了解企业实际的财务能力与发展能力，从而确定投资意向。

3.2.2 利润表

利润表是以报表的形式直接反映企业收入、成本、费用、税收情况，表现了企业利润的构成和实现过程。企业内外部相关利益者通过对利润表的观察，分析企业的经营业绩和企业利润情况。

投资者通过利润表来调查获取信息。这些信息包括的内容，如表3-2所示。

表3-2　投资者获取的财务信息

项目	内容
销售收入与成本	近3～10年的销售收入、销售量、单位售价、单位成本、毛利率的变化趋势；近3～10年的产品结构变化趋势；企业大客户的变化及销售收入集中度；关联交易与非关联交易的区别及对利润的影响；成本结构、发现关键成本因素，并就其对成本变化的影响作分析；对以上各因素的重大变化寻找合理的解释
期间费用	近5～10年费用总额、费用水平趋势，并分析了解原因；企业主要费用，如人工成本、折旧等的变化；其他业务利润；了解是否存在稳定的其他业务收入来源，以及近3～5年的数据
投资收益	近年对外投资情况，及各项投资的报酬率
营业外收支	有无异常情况
对未来损益影响因素的研判	销售收入、销售成本、期间费用、其他业务利润、税收
收入核查	要有购销合同；要有发票（增值税、营业税发票等）；要有资金回款；要有验收或运费单据；要有纳税申报表；要缴纳相应的税款
成本核查	要有配比的原材料购进和消耗（含包装物）；购进原材料需开有增值税发票；对重要和紧俏的原材料需预付款；购销业务付款周期正常；要有仓管签字的有数量金额的入库单据
生产能力核查	新建项目需按时建设完工；能正常全面生产；对生产线产能的核查；对耗能的核查（耗煤、耗水、耗电，分月）；对仓储和运输能力的核查；寻找其他与产能相配比的资料

以上表格展现的就是投资者可以从利润表中得到的信息，也是考虑是否投资时需要了解的一部分关键内容。需要投资者注意的是，投资者审查企业利润表需要达成以下4个目的。

第一，对损益表存在性认定的检查。具体是指证实企业损益表中的各种收入、费用交易在一定时期确实已发生。

第二，对损益表完整性认定的检查。具体是指确认企业损益表中包含的企业特定期间内的相关收入、费用交易是否存在缺失。

第三，对损益表的估价与分摊认定的检查。具体是指证实损益表中的收入和费用等要素是否均已按适当的方法进行计价，列入损益表的利润总额、净利润等金额是否正确无误。

第四，对损益表合法性认定的检查。具体是指证实企业按照法定程序分配利润。

3.2.3 现金流量表

现金流量表是指企业在特定时间内的经营、投资和筹资活动对其现金或现金等价物产生作用的财务报表。这也是投资者需要审查的关于财务方面内容的最后一个表格。

现金流的多少直接影响着企业的生存和发展。即便企业的盈利能力良好，但如果现金流断裂，也会对企业的生产经营造成重大影响，严重时还会造成企业倒闭。

投资者通过对创业者的现金流量表进行观察，可以看到现金的净增加额。在企业融资和投资规模不变的情况下，现金净增加额越大，说明企业的活力越强，反之则越弱。

投资者需要在现金流量表中审查创业者展示的八大比率，如图 3-1 所示。

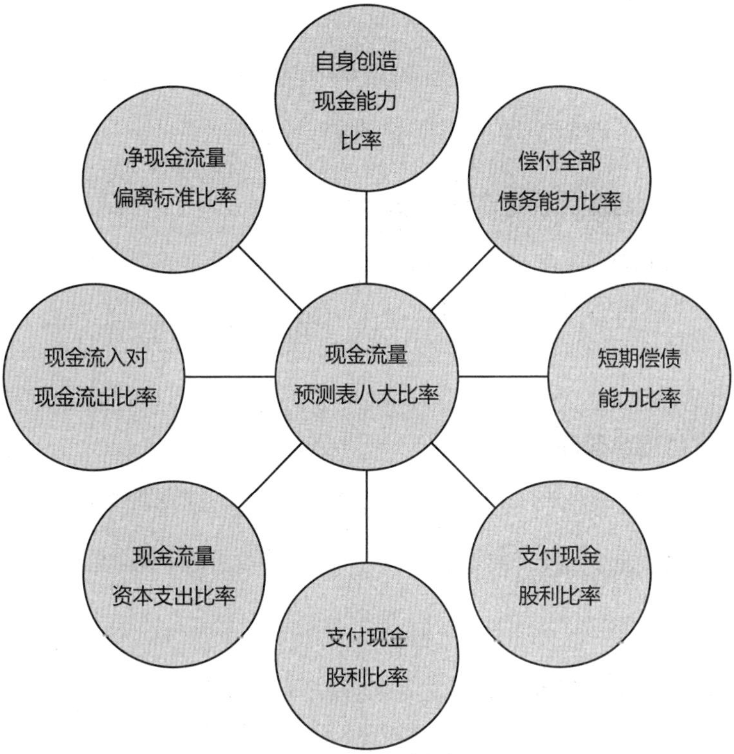

图 3-1 现金流量预测表八大比率

1. 自身创造现金能力比率

自身创造现金能力比率 = 经营活动的现金流量 / 现金流量总额。创业者企业创造现金能力比率越高，说明企业自身创造现金能力越强。

企业经营活动的净现金流量从本质上代表了企业自身创造现金的能力，是偿还企业债务的最终依靠。

2. 偿付全部债务能力比率

偿付全部债务能力比率 = 经营活动的净现金流量 / 债务总额。偿付全部债务能力比率表示了企业在一定时期内，每 1 元负债由多少经营活动现金流量所补充。

该比率越大，说明企业偿还全部债务的能力越好。

3. 短期偿债能力比率

短期偿债能力比率 = 经营活动的净现金流量 / 流动负债。短期偿债能力比率越大，说明企业的短期偿债能力越好。

4. 每股流通股的现金流量比率

每股流通股的现金流量比率 = 经营活动的净现金流量 / 流通在外的普通股数。每股流通股的现金流量比率越大，说明企业进行资本支出的能力越强。

5. 支付现金股利比率

支付现金股比率 = 经营活动的净现金流量 / 现金股利。支付现金股比率越大，代表企业支付现金股利的能力越强。股利发放的多少与股利政策有关。

6. 现金流量资本支出比率

现金流量资本支出比率 = 经营活动的净现金流量 / 资本支出总额。现金流量资本支出比率主要表示企业利用经营活动产生的净现金流量维持或扩大生产经营规模的能力。

这一比率越大，说明企业的发展能力越强；比率越小，说明企业的发展能力越弱。

7. 现金流入对现金流出比率

现金流入对现金流出比率 = 经营活动的现金流入总额 / 经营活动引起的现金流出总额。如果现金流入对现金流出的比例大于 1，那么企业可以在不增加负债的情况下维持再生产；反之，企业会增加负债。

8. 净现金流量偏离标准比率

净现金流量偏离标准比率 = 经营活动的净现金流量 /(净收益 + 折

旧或摊销额）。净现金流量偏离比率反映了对净现金流量水平的衡量标准，标准值为1。

投资者可以根据以上八大比率进行现金流量表的观看审查，但是需要注意的是，要利用往年真实的历史数据及科学的预测运算方式进行现金流存量的审查。如果企业主营业务没有太大变化，其他因素则影响不大，可以根据增长率进行正常审查。

3.2.4 个人财务的安全经验参数

财富规划从前是只有高净值人士才能够享受到的特殊服务，通过有专业资格的人士帮助他们打理财富。但现在绝大多数的投资者对这类资源的需求在增加，那么，我们如何才能保证财务安全呢？

个人做理财规划的基本目标无非就2个：一个是要保证自己的财务安全；另外一个最终目标就是实现财务自由，这里主要谈前者。

1. 导致财务不安全的主要原因

所谓财务安全，最基本的就是要保障自己在未来的生活中不能“断粮”。

导致财务不安全的原因，主要有以下3点。

（1）提前消费。这是由过度消费导致的。

（2）自己在理财生活中借的钱太多，杠杆太高而导致资金链断裂。

（3）突发重大疾病，或者没有养老计划，也没有足够的现金来应对重大突发变故。

2. 控制财务安全的常见经验参数

有条件的可以做一个自己家庭的资产负债表，如果不会的可以仅记录下面5个经验参数。

（1）结余比

主要指自己每期攒下的钱与个人税后收入之比。比如，小明一年挣10万元，每年能结余5万元，那么结余比就是0.5。

研究认为：这个结余比保持在0.3左右较为适宜，可以适当更高些。那些月光族的模式，也就是结余比为0，这类肯定不可取，这类人的财务状况也很不健康。

（2）投资与净资产比值

主要反映个人投资意识的强弱，衡量投资者是否能实现财务自由的重要指标。

研究认为：投资与净资产的比值保持在0.5或者稍高是较为适宜的水平。

这个参数就注定了有2类极端模式不可取。一类是把自己的净资产全部拿去做储蓄；另外一种极端就是把自己的净资产都拿去投资。

（3）清偿比例和资产负债率

清偿比率是个人净资产与总资产的比例，负债比例就是指负债总额/个人总资产，这两个指标之和为1。对绝大多数人来说，负债主要来源于房贷、车贷、蚂蚁花呗一类提前信用透支的费用等，其他的比较少。

研究认为：个人资产负债率最好控制在0.5以下。这一块主要还是影响自己购房上面的选择，买房时不仅仅是要考虑首付比，更关键的还是不要把自己的负债比设置得太高。

（4）财务负担比

也叫债务偿还收入比率，简单地说，就是一个周期内需要支付的本息/同期的收入。意思是要尽量让自己赚的钱，除了开销外，还能够还得上每月应还的本息。

研究认为：比率控制在0.4以内比较好。比如，如果每月需要还房贷 2 000 元，那么每月的收入就必须要超过 5 000 元；如果收入低于 5 000 元，那么每月还 2 000 元房贷的压力就很大。

（5）流动性比率

主要指流动资产与月支出的比值。

研究认为：一般这个比例保持在 3 左右比较合适，比如，每月开销在 3 000 元，那么存 9 000 元的流动资金比较合理。

总之，只有按规律和经验投资，才能走得更远。

3.3 风险管理思维

投资者都应该在投资之前树立风险管理思维，在选择具体的投资时，才能够更好地规避风险，争取更大收益。

3.3.1 投资理财必须要执行纪律

为什么很多人头脑中有理财的概念，但是最后却收效甚微？就是因为欠缺了纪律性和执行力。例如，某投资者计划每月在基金领域定投 1 000 元，以平均 15% 年收益率进行复利计算，30 年后收入将达 690 万元。问题是，这 30 年里一定要坚持下去，不能提前取出来。执行计划看起来似乎不是太难的事情，但贵在坚持不懈的强大自律性。

不管理财方案多么完美，自己不执行，就是纸上谈兵、空中楼阁。

心理学上有一个术语叫延迟满足效应，也叫糖果效应。如果参与试验者能再多坚持 5 分钟，得到的满足就会远远大于当前能够享受到的近在眼前的东西，在实验中，更多的满足来自延迟后得到更多的糖果。

然而，问题在于是否能够控制得住自己，是否能严格执行投资纪律。

明知坚持下去就会有更好的收获，可摆在眼前的似乎也不错，于是，试验者越来越难以忍受诱惑。终于，有试验者放弃了，放弃等待更久远的好处，决定接受眼前的利益。而事实上，糖果实验里，那些坚决执行纪律，坚持等到最后的参与试验者们多来自学生群体，后来的跟踪实验发现，无论是社会成就还是品行道德，能坚决执行纪律的学生成功率都比同伴们高得多，基本都成为了事业有成的栋梁之材。

知名投资人利弗莫尔给自己定下了一个 10% 规则，如果在一笔投资中的损失超过 10%，不问原因，他就会马上抛出。每一次投资利弗莫尔都会分几次进行，并且每一次都是在保证财务安全的前提下才进行投资。

3.3.2 永远不要孤注一掷

知名投资人索罗斯的成功取决于他的投资策略：从不会孤注一掷压上全部身家。

每当准备大量投资前，索罗斯都会先投入小规模资金到市场中去，然后密切关注市场反应情况，再决定接下来是否应该加大投入。就是这种“理智的冒险”型投资策略，使索罗斯即便面对强敌英格兰银行也能取得交易之战的胜利。在确定了市场的趋势后，索罗斯会构建对冲组合，以规避来自不同方向的风险。

投资理财时一本万利的想法是不切实际的，即使机会在眼前也要做好规避风险的准备，避免将积蓄毁于一旦。

不少人在发现身边有人投资赚到钱后，自己也跃跃欲试。根据相关数据显示，从 2008 年起，真正从股市获利的投资者只占全体股民的 16%，所以对于没有投资经验的投资人来说，还要避免孤注一掷。

在日常生活中，常会听到某人说“我看中的某只股票，10 天就涨了很多，当初如果全仓买入，一定能挣得更多”这样的话。但是孤注一掷，全仓投入，就能赚得更多吗？实际上这样做以后，亏损的可能性往往更大。

理财的目的是平稳长期地赚钱，而最不平稳的事就是孤注一掷。孤注一掷就是一场赌徒的冒险，一时胜利后，除非离场，否则从市场中来的钱，还会到市场中去。而且，离场并没有想象中容易，见好就收没有多少人能说到做到。一旦失败，往往连翻身的机会都没有。

在无知的情况下投入全部资金是盲目又冒险的。在有计划、有风险控制的情况下投入全部资金，则是果断的表现。两者的区别在于投资者是否对投资和风险有足够的把握。

理财者常犯的一种错误，就是将所有资金投注在一种理财产品上。一般来说，理财种类越分散，承担的风险就越小，如图 3-2 所示。

图 3-2　投资坐标轴

索罗斯说，不要把投资当作消遣和娱乐。因为有效的投资充满理性，是在反复权衡后做出的决定，投资者不要把自己当成赌客，最好的方式就是在情况于己有利时下注，而不是孤注一掷。

3.3.3 不熟不做，不懂不做

投资就要知己知彼，在熟悉掌握公司的基本情况下进行投资，反而会赚得更多。不了解投资对象就“盲目下注”，往往只会亏得更多。

巴菲特之所以被人们称为“股神”，得益于他独特的投资眼光。

一般投资者在一家公司的股票大跌时，一定会提高警惕，找机会抽身逃离。当股票大跌超过 30%，不少投资人认为这就是逃离的大限。但是巴菲特认为，大跌的数字可以超过 80%，但前提是投资者对于这只股票非常了解并抱有坚定的信心。巴菲特对富国银行的投资就是如此。

从 1989 年开始，巴菲特开始大量买入富国银行股票，已经持续 20 年，共持超过 3 亿股，占该银行发行在外总股本的 6.43%。

巴菲特的高明之处就在于，当初购买富国银行股票时，股价已经大跌超过 82%。一般的投资者不敢冒这样的风险，但是对于巴菲特来说，由于他对富国银行非常了解，也很有信心，于是他在股价狂跌之后购买了富国银行的股票，如表 3-3 所示。

表 3-3 巴菲特投资的部分公司详细名单

伯克希尔－哈撒韦	可口可乐	沃尔玛	美国富国银行
耐克	雀巢	箭牌	高盛
华盛顿邮报	吉列刀片	强生	通用电气
美国广播公司	宝洁	麦当劳	通用动力公司
联合出版公司	卡夫	通用食品公司	美国运通

巴菲特认为富国银行是全美市值最高的银行，长期以来一直享有良好的信誉，也是美国盈利最多、效率最高的银行之一，因此业绩稳定是巴菲特选择富国银行的重要原因。

巴菲特说，富国银行的优势是组合销售，其他银行的服务水平也无法和富国银行相比。

在大量买入富国银行股票后，巴菲特接受《福布斯》杂志采访时表示：“富国银行的管理模式很好，股价水平也较为合理。富国银行是优秀的上市公司，买入它的股票也可以获得更好的回报。”

在 2008 年爆发金融危机后，富国银行也受到影响，股价大跌，但是巴菲特依然对富国银行满怀信心，并认为富国银行独特的经营模式和庞大的客户规模是他坚持买入富国银行股票的原因。

巴菲特后来说：“富国银行这样庞大的企业具有独特性，它也将继续坚持走自己的独特之路，这也是我那么看好它的原因。而且，我了解富国银行有一个好的经营模式，方式正确，利润率较高，资金成本要比其他大型银行低，资产管理也做得很聪明，这就是它巨大的优势。当然，富国银行广大的客户规模也决不能忽略，客户才是银行盈利的根源，他们的客户规模每一季度都在不断增加。我永远看好富国银行。”

专注了解所投资的领域是投资者应遵循的投资方法。但是在投资理财领域，恐惧和贪婪很容易动摇投资者的信念，而且市场也会因此产生剧烈动荡。许多投资者因为贪婪而进入不熟悉的领域，以为能大赚一笔，但又因恐惧而离开。这两种现象在市场中很常见，归根结底就在于投资者对自身投资的领域并不熟悉也不了解，盲目地进入，又盲目地逃离，所以很难获得收益。

尽管投资大师们独具慧眼，但他们的眼光并不是心血来潮，投资大师的智慧在于对整个行业有着深刻的了解和探究。就像巴菲特，不会因为整个市场都说某只股票好，就跟风持有该股票。这便是遵循了“不熟不做，不懂不做”的原则。

3.3.4 独立思考，抛开羊群心理

投资大师罗杰斯的投资启蒙读物是《超级金钱》，这本书中有一句话让他记忆深刻：“市场就像一个风情万种的女人，总是变化万千，神秘而迷人，你必须对她负责，想办法取得她的欢心。”罗杰斯知道，一个人云亦云、盲目跟风的人，是永远也得不到市场这位“漂亮女人”的青睐的。只有独立思考，独辟蹊径，抛开羊群心理，才有可能成功。

在这本书的指引下，罗杰斯开启了属于自己的投资旅程，对市场保持着自己的好奇心与审慎的态度，从来不会跟着“羊群”盲目地跑动。

投资理财时，独立和缜密的思考必不可少，有很多投资者就是因为被那些“金玉其外”的理财规划建议愚弄，才搞得自己晕头转向，最终赔了钱。所以，进入市场时，一定要找到适合自己的投资理财策略，这样才能帮助你绕过风险。

现在，已经掀起了一股又一股投资理财热，市场上理财产品种类繁多，让人们应接不暇，大多数人往往还来不及搞清楚个中状况，就开始仓促投资。选择某种理财产品的原因也趋于“因为大家都买了，我也要买”，这充分说明多数人的投资习惯是随大流，跟着羊群跑，看到别人做什么自己就跟着做什么，图 3-3 所示。

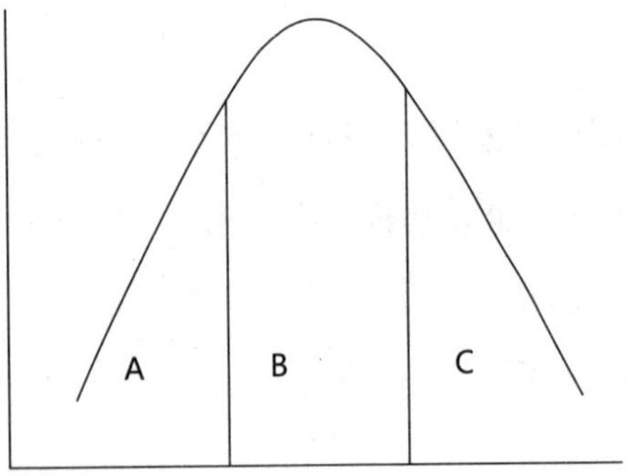

图 3-3　投资曲线

其实，从来就没有适合所有人的理财方式，理财策略因人而异，各种理财品种的组合往往只是流于表面。问题的关键在于独立思考，寻找适合自己的理财策略。

投资者实际上了解掌握多少种理财种类，股票、基金、债券、黄金、保险、期货、信托、艺术品等不一而足，可是除了知道这些名称，是否还能对它们进行简单描述呢？

当然，真正要做出投资决定，简单的说明也是远远不够的。就像只看到了冰山一角，却不知道整座冰山水面以下的部分有多么庞大一样。而且，目前市场上理财机构之间的竞争亦十分火热，所谓的理财规划和理财服务，有很多都变了味道，沦为理财产品的销售平台，只想着把当前主推的、提成比例高的理财产品向客户兜售。这样一来，吃亏的只能是那些什么都不了解，或者一知半解的投资理财者。

在股票、基金疯狂上涨的同时，人们往往会对银行推出的理财产品有排斥倾向，那些低风险、低收益的理财种类更是无人问津。然而当市场发生变化、股市进入大调整时，股票、基金就又会被人们冷落，银行的低风险低收益的理财产品则会开始活跃起来。

假设在市场发生显著变化、股市走低之前，投资者应减持权益类的投资，如股票和基金等，增加现金资产的持有率，并适度投资部分银行的低风险理财产品，从而实现在熊市里“现金为王”的效果。同样，在市场上股票、基金少有人投资时，是否有人想过这种现象的合理性问题。虽然在投资理财领域做少数派并不简单，但是想要成为专家，只有积累足够的市场经验才能立于不败之地。

关键就在于找到适合投资者自身的理财方式，只有在独立思考之下，才能制定符合自身理财需要的理财策略和目标规划。

理财书籍上常常有很多理财规划的建议，会教投资者怎样把自己的钱分放在不同的篮子里，会简述储蓄是为明天做好准备，会分门别类地指导如何投资证券、黄金、期货、债券等，但往往是“纸上得来终觉浅，绝知此事要躬行”。书本并不能解决一切问题。

只有自己亲自去实践，遇到实际问题尝试去解决的过程才能让你在投资这场练习中有所收获。而实践的第一条准则就是坚持独立思考，必须抛开羊群心理，这也是投资理财的关键。

理财和投资是一件仁者见仁、智者见智的事情，包括策略、思维方式等，都不可能有一个标准结局，想要复制投资大师罗杰斯这样大师的成功是一件不可能的事。所以，这个世上的罗杰斯从来就只有一位，独一无二，让大众望尘莫及的巨额财富背后，是他独一无二的投资思想和大局观。

同样，我们每一个人、每一个家庭也是独一无二的，各有各的特质，形成的理财观念也千差万别。但只要是适合投资理财者自身需求的理财观念，就是正确的，就值得坚持。

3.3.5 保本生存是投资者的第一需要

对于现在的很多投资者来说，他们认为亏钱不是最可怕的，最可怕的是错过大赚一笔的机会。然而，投资不是投机，也不是赌博，我们应尽可能提高投资的成功率，而不是一味依靠运气去豪赌。因此，在投资市场中，成功的基础是保本生存，尽可能地减少错误，这才是投资者的第一需要。

保本生存的首要原则就是在自己的能力范围内投资，投资者要具备正确评价所选择的企业的能力，而不必让自己成为通晓每一家或者许多家公司的专家。在精力和时间有限的条件下，其实只需要能够评估在自身能力范围之内的几家公司便足矣。市场有多大的盈利范围并不重要，重要的是要清楚自身的能力范围。

比如，目前处于哪个行业，相应就会对这个行业有更多了解。所以最重要的一点就是先搞清楚自身了解哪些行业，并在投资者的能力范围内活动。投资者应该坚持一个观点，只有在自身的能力范围内时，投资者才有可能合理分析企业的持续竞争优势，对企业的内在价值有一个相对准确的估计。

就像投资者如果并不了解科技领域，那么就算有投资微软、思科的机会，也应该考虑到自身的投资范围，考量能否掌控高科技产业。

保本生存还要求投资者克服可能经常出现的认知和行为偏差，因为在投资市场上，有相当一部分投资者缺乏理性，在投资决策过程中，他们常常会受到各种心理因素的影响，导致出现大量认知和行为偏差。在现实生活中，这样的情形比比皆是，比如一个智力正常的人却常常做傻事。

保本生存要求掌握战胜市场的途径，要想在市场中规避风险、保本生存，就要学会利用市场，能够利用市场才能在激烈的市场中屹立不倒。真正阻碍我们前行的，不是未来的不可预测性，而往往是旧有思想的束缚。

在投资市场中，保本生存的两个最常见的阻碍因素——一个是恐惧，一个是贪婪。两者永远不会消逝，在投资理财的世界永远会一再出现，形影不离。巴菲特就有一句风靡已久的投资格言："在别人贪婪时恐惧，在别人恐惧时贪婪。"

保本生存就是要有效避免风险，而要有效避免风险，前提是要比市场更了解投资者自身的投资，了解所要投资公司的现状、前景以及价值。对于长期投资者来说，要想达到减少风险、保本生存的目的，首先就是要具备比市场更长远的眼光，能正确估量价值，并看到投资的长期价值；

其次要比市场更理性，而不是把投资建立在盲目冒进的基础之上。

具体到选择理财产品上，要求投资者根据个人风险承受能力和预期收益来做出具体的决策。一般而言，投资理财产品可以分为固定收益产品和浮动收益产品。理财产品也存在亏本的可能，高收益往往附带高风险。

风险承受能力低的投资者，需要选择固定收益产品，会更容易保障资金安全。而具有一定的风险承受能力，又对收益有较高要求的投资者，可以选择浮动收益产品，这类产品可以满足保本的需求，但是收益并不确定，会随着市场行情而变化。

此外，风险爱好者和闲置资金充裕的投资者，也可以选择浮动收益产品，不过这样的投资选择更多的是建立在对收益的需求之上，只要风险在投资者可承受的范围内，如果能够对市场估计正确，选对产品，收益便会很可观。

在购买理财产品时，要切实了解产品的详细情况和相关条款，而不是只听宣传人员的口头吹嘘，这方面最重要的就是三个字：看合同。

对于大多数保守型的投资者而言，保本是第一要义。那么，保本是怎样进行的呢？保本的目标实现是以投资期限为前提。简单来说就是投资者放弃了 3 ~ 5 年内对该笔钱的使用权和获取额外收益的权利。投资者处于“上不封顶下不亏损”状态中，同时放弃了这部分自有资金在 3 ~ 5 年内获得其他收益的机会。

所以，保本之前，要确定自己的资金是否有 3 ~ 5 年的闲置期，否则这项工作就没有意义。

如果投资者有 100 万元资金的保本理财需求，应如何实现保本呢？可以选择购买债券或者货币市场基金。假设货币市场基金的年收益率为 3%，那么 3 年后，本金和收益为 1 092 727 元，保本成功。

然而投资者需要清楚地认识到，“保本”的前提下，要使收益达到所谓“上不封顶”其实很难做到。但是为了防范风险，达到“保本”目标才最重要。在牛市里，保本投资策略往往会输给纯股票基金，但是，不安全的高收益，就像赌场赢钱，最终很有可能亏了本钱。

保本生存是投资者第一需求，所以尽量在保本的基础上考虑怎样持续升值。

在股市中，要做到保本，办法只有 2 个：一是快速止损；二是别一次下注太多。投资者可采用分层下注的方式。例如，投资者预计要配置 1 000 股，可那么用分层下注的方式，先配置 200 股，根据股票市场行情决定是否加大后续投资。如果市场反馈信息发现势头不对，应尽快止损。

而投资者判断自身的实际风险承受能力方面，有一个最简单实用的方法，就是看自己进行某项具体的投资理财时表现出来的睡眠质量，如果担惊受怕，影响到睡眠，那就说明投资者承担了太大的风险，干脆卖掉一部分股票，直到投资者感觉到能够睡个安稳觉为止，就相当于到达了适合自己风险承受能力的合理范围。

初级理财篇

利用理财组合，实现
财务自由

第 4 章

基金投资：选好基金，轻松赚钱

拥有一定的财富之后，对于希望合理配置资本的需求自然会增多，投资理财就是让财富创造新价值的过程。但是投资市场风云变幻，很多投资者为了规避风险，会将眼光放在基金投资方面，以寻求稳健的投资方式。

为了能更好地让资本保值与升值，投资者需要掌握基金的要素与技巧，从而规避风险。

4.1 基金运作原理与优势

基金是投资市场中较为稳健的投资品种之一，也为大众所熟知。根据需要可分为很多种类型，而每种类型都有其特点与优势，它们的操作方法也是大同小异，投资者需要根据自身需求选择合适的基金进行理财。

本节将为各位投资者讲解分析基金的买卖流程、优势、类型、专业术语等内容，希望能对投资者投资基金有所帮助。

4.1.1 基金的买卖流程

要想合理投资基金，首先需要了解基金的运作流程。根据投资需求，基金的渠道有：基金管理人自发组织的销售渠道、代理商销售渠道、基金公司的网络直销平台、直销银行、互联网理财渠道等。虽然基金的购买渠道多样，但真正选择时还是有相应的流程的。

有些借助于私人银行的客户不需要进入基金市场自选基金，因此这条适用于自选基金的客户。我们继续以支付宝提供的基金市场为例，看看进入基金市场，如何选择一款合适的基金。其中，有以下几个重要指标。

1. 基金走势图

首先，要观察基金业绩走势图，基金客户的一般买法为“高抛低吸”，对于一些追求保守的客户更倾向于选择稳步上行的“基”调。如图 4-1、图 4-2 所示，基金净收益越高，资金描述风险也越大，因此在选择时要注意走势图，如果买入的时间恰巧在高点，可能会有一段时间“如坐针毡”。如果能买到保持稳步上行的基金，虽然利率增长幅度不会很高，但适合保守人士进行稳健投资。

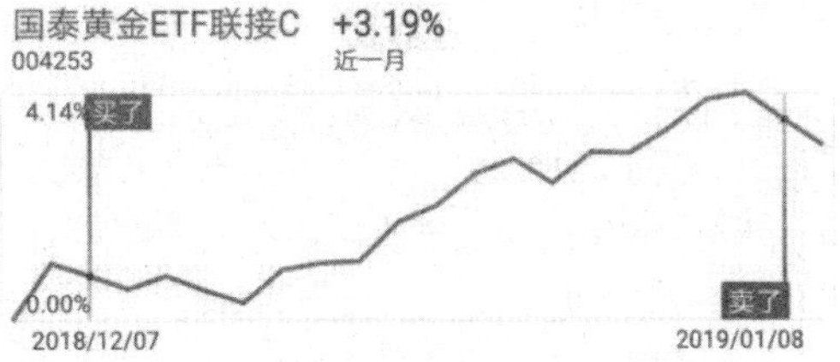

图 4-1　基金走势图分析 A

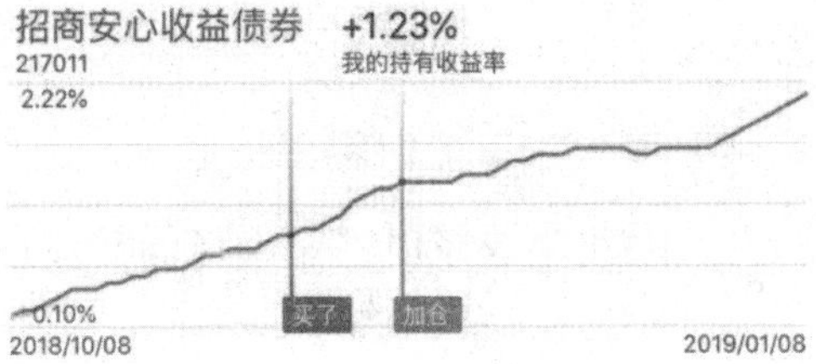

图 4-2　基金走势图分析 B

2. 看基金档案

除了进行基本的走势图分析，我们还应查看基金档案，了解基金规模、基金管理人以及基金经理的详细介绍和投资理念描述信息，来判断基金价值。

从资产规模中，我们能看出一家基金公司的资产实力，如图 4-3、图 4-4 所示。

基金信息

基金全称	银华汇利灵活配置混合型证券投资基金A类
基金代码	001289
成立日期	2015-05-14
资产规模	4.13亿

图 4-3　资产规模对比图

基金信息

基金全称	长安泓泽纯债债券型证券投资基金C类
基金代码	003732
成立日期	2016-11-16
资产规模	9.38万

图 4-4　资产规模对比图

投资者在选择基金公司时，务必要查看基金档案，因为每家公司的资产规模都会相差很大，资产规模小的公司，基金风险承担能力也会较弱。规模过小的基金要提防它可能很容易被清盘，比如 2018 年，就有 388 只公募基金清盘。因此，选择风格更为稳健的资产规模较大的基金公司更为合理。

除了查看资金规模，还要清楚基金的控股公司为哪家公司。例如，基金名称为“银华汇利灵活配置混合型证券投资基金 A 类”，我们通过全国企业信用信息公示系统，就能查到它的实体控股公司。

3. 选购基金

基金交易是较为隐蔽的，但在正式匹配基金投资者时，需要遵守基金募集的流程。

（1）确定募集方式与机构主体

投资者要确定基金投资主体，一种是由基金管理人开展的自行募集活动；一种是基金管理人寻找代理机构代为销售募集。投资者要明确，募集者需具备以下 3 个国家许可的满足基金销售机构的条件：

①进入了中国证监会注册；

②获取到基金销售业务资格；

③加入了中国基金业协会会员。

有了以上 3 个条件的确认，投资者才能进行更深入的基金状况了解。

（2）募集流程

在明确基金公司应有的法律资质后，投资者就要在遵守募集流程的情况下展开基金投资行为。

第一，投资者需填写相关信息。

购买前，基金方会为投资者提供基本信息表，并要求其提供相关信息证明文件，例如自身的资产证明等。

第二，基金公司会对投资者进行分类。

针对文件内容，基金公司将对投资者进行普通投资者和专业投资者的划分。

A. 对于专业投资者，根据《证券期货投资者适当性管理办法》第八条规定，符合下列条件之一的才是专业投资者。

①经有关金融监管部门批准设立的金融机构；

②上述机构面向投资者发行的理财产品；

③社会保障基金、企业年金等养老金，慈善基金等社会公益基金，合格境外机构投资者（QFII）、人民币合格境外机构投资者（RQFII）；

④同时符合下列条件的法人或者其他组织。

最近一年末净资产不低于 2 000 万元。最近一年末金融资产不低于 1 000 万元。具有两年以上证券、基金、期货、黄金、外汇等投资经历。

⑤同时符合下列条件的自然人。

金融资产不低于 500 万元。或者最近 3 年个人年均收入不低于 50

万元。具有两年以上证券、基金、期货、黄金、外汇等投资经历，或者具有两年以上金融产品设计、投资、风险管理及相关工作经历，或者属于本条第①项规定的专业投资者的高级管理人员、获得职业资格认证的从事金融相关业务的注册会计师和律师。

B. 除专业投资者之外的投资者为普通投资者。

投资者通过签订书面风险协议，来确保同经营机构一同承担将要面临的风险与后果，并提供具有法律效力的证明材料。

基金管理人应当通过追加了解信息、投资知识测试或模拟交易等方式对投资者进行谨慎评估，确认其符合要求，说明不同类别投资者应履行适当性义务的差别，警示可能承担的投资风险，告知申请的审查结果及其理由。

根据最新的《证券期货投资者适当性管理办法》内容规定，基金管理人在与投资者进行交易的过程中应当及时更新评估数据库信息，使基金管理人能够充分理解评估结果，防止重复采集导致的效率和准确性问题。

对投资者采取细化分类，主要是通过开展风测问卷来了解高净值客户的自身投资状态。

（3）填写风险测评问卷

现在各大基金领域在进行产品投资时都会让客户进行规范的风险问卷调查，根据投资者所填风险测评问卷来评估客户购买基金的类型。一般客户之前做过此类风险评估，有效期可以保持在3年内，一旦多于3年，基金经理在向投资者进行基金产品介绍时，需重新为客户进行风险评估。

一般风险评估含20道题目，从特定事实调查来定性投资者的抗风险类型。投资者要想进行风险评估，可以打开理财软件，一般理财软件也会为投资者匹配风险测评业务。我们以支付宝基金市场为例，当投资者在买入基金时，支付宝会预先跳出相关的风险评测提示，点击进入测评完成问题，就能得到量身定制的风险预测结果，如图 4-5 所示。

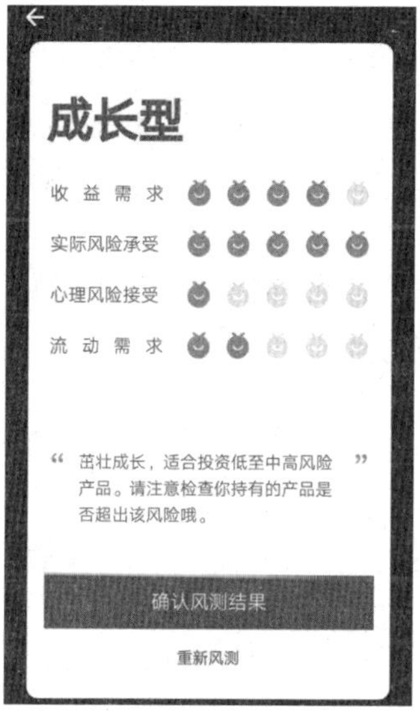

图 4-5 风险承受能力问卷

我们在图中就能看出某客户在支付宝理财基金中进行的风测，支付宝的优选基金为客户提供了完整的四维度评价，从客观角度帮助客户进行产品抉择。不同的机构对风险测评的结果诠释方式不同，但都能为客户带来较为理性客观的评价结果。

（4）投资者适当性匹配

除了客户有相对应的风险评估，基金产品也有风险等级划分，《证券投资基金运作管理办法》对市场的基金进行了规范风险分类，一共有五类：低风险等级、较低风险等级、中风险等级、较高风险等级与高风险等级。如下图所示的某只基金，这只基金连续 3 年稳步增值，这种基金为视为中低基金，同时获得晨星历史评级满五颗星。如图 4-6 所示。

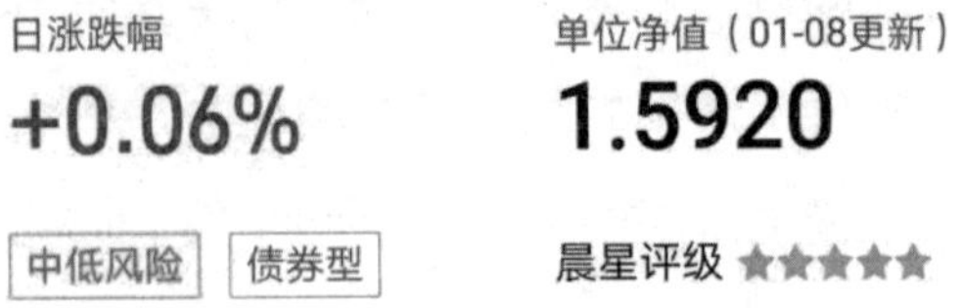

图 4-6　某基金风评结果

基金经理再根据客户的风险评估结果与销售的产品进行匹配。如果投资者在进行基金选择时基金销售人员提供不了推荐产品的等级，这只基金将被视作不合规范的基金产品，投资者应主动放弃。

（5）签署风险揭示书

在基金销售机构向投资者做了风险提示后，投资者要配合签署风险揭示书。投资者在提出期望购买风险等级超过其风测承压能力时，基金销售机构会出示风险警示书，若投资者还是想要购买，基金销售机构就需满足客户需求。

（6）合格投资者确认

完成风险揭示书的签订后，就需要投资者证明自己是否属于合格投资者，不同的机构对投资和要求不同，涉及证明文件包括资产或个人收入方面。

①对于公募基金来说，几乎没什么实际门槛，有微信或者支付宝的自然人，都可以购买公募基金，都是合格投资者。

②对于私募基金对投资人的要求就非常严格，私募基金合格投资人是指在具有相应的风险承担能力基础上，投资于单支私募基金的金额不小于 100 万元且符合下列相关标准的单位和个人。

a. 净资产不低于 1 000 万元的单位。b. 金融资产不低于 300 万元或者最近 3 年个人年均收入不低于 50 万元的个人。金融资产包括银行存款、股票、债券、基金份额、资产管理计划、银行理财产品、信托计划、保险产品、期货权益等。c. 投资者人数还不能超过 200 人。

（7）投资冷静期

在双方的买入程序完成后，签署基金协议。

每只基金协议都设置有相应的毁约期限，投资者可在 24 小时内决定是否毁约，同时基金销售机构不得主动联系投资者。

回访募集机构要在投资冷静期内。

24 小时过后进行，对客户进行录音电话、邮件回访、信函回访等方式来合理访问，基金销售机构在投资冷静期内的回访被视为无效回访。

同时，在访问客户过程中，要求不得以诱导性术语来影响客户的再次选择，投资者在募集机构回访确认成功前也有权解除与募集机构签署的基金合同，作为募集机构也会按照合同签署的资产如数退还。最后投资者在没有做完成功回访的流程时，投资者所交纳的认购基金款不得从募集账户划款到托管资金账户，基金管理人不得投资运作投资者缴纳的认购基金款项。

（8）资料归档

相关资料在基金结束后，签署的材料、录音录像材料等关键说明性材料的期限至少要求保留 20 年。

4.1.2 基金理财的优势

基金作为投资者当下比较普遍且热门的投资方式，有关数据指出，超过 84.3% 的投资者参与了基金股权的配置，其中 23.7% 的投资者在进行资产配置时，所投基金的资本超过了整体的 30%，其中 7.8% 投资者资产配置比例更是超过了自身资本的 50%。

我国基金的发展依托于国内市场对资产的需求，基金灵活地解决了市场的资产流动需求问题——产品存在一定风险，投资者的数量有限，对投资者的个人抗风险能力与投资者自身有一定准入门槛。

因此，在进行基金投资时，证券公司才会通过不公开的形式来进行。但随着互联网的发展，越来越多基金出现在理财软件中。例如，经常使用的支付宝，就有更广泛的基金品种选择。

4.1.3 基金的类型

资产市场经过了第一轮的发行，来到了第二轮的理财市场，这一轮的基金投资更像是一种代理投资，市场中的投资者将自身资产投给可信赖的基金公司，通过他们去运营资本，创造资本收益。要想配置一手好基金，我们要先了解二级市场的基金状况。

首先，我们要了解二级市场的基金配置。

按照投资项目来讲，可以分为债券型基金、期货型基金、货币型基金、货币型基金等。我们重点介绍以下 4 种。

1. 股票型基金

股票型基金具有高流动性、高变现性的优势。同时股票型基金比直接投资股票的风险小很多，但与证券、货币型基金等相比，它的基金风险仍很高。一般来说，能够承受高风险的投资者可以投资这一类型的基金。

2. 混合型基金

也称配置型基金，会将资产做组合配置包括如股票、债券、货币基金等。这种基金的主要特点是以组合投资的方式来合理分散风险。混合型基金的风险低于股票基金，同时收益又高于债券基金，是比较保守的投资选择。

3. 债券型基金

投资者将资产中 80% 以上的资产用于债券投资的是债券型基金。它与股票基金相比，收益更加稳定、风险也更低。因此，适合对资金安全性需求较高同时还有望收获较为稳定收益的投资者。

4. 货币型基金

也称停泊基金，投资者将资产的 80% 用来投资央行票据、短期债券、现金等收益的基金。这一基金的主要特点是它的高安全性和高流动性。因此，适合害怕风险，并希望自身资产保持较高流动性的投资者。

4.1.4 与基金相关的专业术语

持仓：投资者持有的基金份额。

加仓：建仓时将基金净值全部买入，继续增持。

补仓：原基金净值下降，基金设定一定数额后，再以较低水平买入基金以弥补成本。

满仓：这意味着所有投资者的钱都被买进了基金，就像仓库被装满了一样。资本投资大的叫庄家；小额资本投资的叫小额零售。

重仓：重仓是指该基金购买某种股票，投资的基金占总资本的比例最大，这种股票是该基金的重仓。

空仓：把所有的钱赎回，得到所有的钱。或者有人可以赎回全部基金并持有现金。

平仓：买入后卖出，或卖出后买入。

做多：对未来持乐观态度，目前是低净买入基金，待收入上涨后卖出。

4.2 选择适合自己的基金

投资者选择基金这种理财方式，看中的是它稳健的特点，但事实上，任何基金都存在一定风险，只不过基金的风险相对较小。

因此，投资者在投资之前应该了解投资市场，根据自身情况与需求选择适合自己的基金项目进行投资。

4.2.1 做好购买前的准备功课

做投资有时就像玩德州扑克。如果游戏参与者不摸透、记熟先发下来的两张底牌，那么接下来的游戏的意义和乐趣都难以体会。要成为一个成功的投资者，就像致力于成为一个玩德州扑克的好手一样，只有先进行前期研究，摸清自己的牌面和对手的各种玩牌伎俩，才能谈接下来的攻守策略。知己知彼，百战百胜。

然而，与在牌桌上不同的是，投资者的命运掌握在自己手里。有个比喻，投资像种树，如果事先不对树本身的生长特性以及当地能够提供的生长环境做一个细致而全面的了解，很难想象树可以长得根深叶茂。

同理，投资基金的这棵理财树，并不是由投资者亲自来种，能不能存活，长不长得好，不仅有自己的主观愿望，还需要研究公司的管理层，毕竟这棵树的投资者只是认购了它，具体的抚育工作在于该基金公司的管理人员。

种树讲究顺应时节，遵守四季的变化，为树木除草施肥、剪叶修枝，为一棵参天大树拔地而起做好充足的准备。

基金公司买入股票之前，首先要做的就是仔细研究股票对应公司的管理层人员，特别是董事会成员的背景和喜好，研究他们是什么人，公司在他们的带领下将往何处发展，接下来的走向是否合乎市场的需求，判断未来的走向业绩如何，能否实现丰厚的利润，能否给投资者带来回报等。简而言之，这棵树要为我们遮风挡雨，最好还能带来源源不断的收益。

从这个角度来看，投资就是选好管理层，选好种树人，一个好的领导班子可以救活一个企业，而一位不懂行情、心术不正的管理层人员则可以毁掉一个公司。选好公司后，接下来要做的就是坚定我们的投资信仰。

尤其是一些新兴投资项目，要使自己具备决策的能力，就必须保持学习知识的持续性和不断更新的能力。除了投资项目本身，还需要关注国内外的重大经济事件，以及他人的投资经验教训。

基金是灵活性较高的投资项目，备受理财投资者青睐。投资者在进行基金投资时如果对遭遇的亏损表示怀疑，也可以上报查实。一旦发现亏损原因是由基金公司的内部管理造成的，基金公司将会承担所有责任；但若仅因为外界运营管理水平限制而引发亏损，责任不予追究，同时投资者需要与基金公司一同承担风险结果。

这种不确定的风险在一定程度上影响了投资者的投资选择，面对一些虚假、诈骗基金，投资者要有更深的学习和了解。

实际生活中的基金虚假、诈骗案例众多。例如，基金借托管增信挪用基金财产、以高收益诱惑投资者通过股权转让逃避监管、借助众多合伙通道搞资金池和利益输送等案例。投资风险控制，已经成为当下基金市场发展中急需优化的内容。

4.2.2 根据基金的评级选择基金

基金评级是指有关机构收集相关数据信息，运用科学的分析方法，根据标准对投资者投资后需要承担的风险以及预期收益进行基金等级排名的做法。

基金的评级机构有很多，他们在策略上都有所不同。如表 4-1 所示。

表 4-1　五级基金评级机构

机构	主要评级方式
晨星	分类方法以分析基金的投资组合为基础，把不同风险收益特征的基金区分开，在风险调整后收益的计算上，风险调整的方法建立在投资者风险偏好的基础上，即对基金月度回报率的下跌风险进行惩罚，其他机构的风险调整后收益算法基本沿用经典的夏普比率的调整方式。从数量上看，晨星 5 个星级基金的数量是不同的，中间多两头少
理柏	用了 Hurst-Holder 指数。把 H 指数分为三组，大于 0.55 的可认为过去业绩和未来业绩持续性比较好，小于 0.45 的是业绩持续性较差，还有介于二者之间的。每一只都按照计算结果得出有效回报排序。理柏还计算基金的保本能力，把费用和税收单列考虑，最后这几个指标分开排序后算一个加权，得到基金的排名，理柏每个星级各占 20%
银河证券	评级主要采用两种方式，客观性评价和主观评价。在考察业绩的时候，不仅考察区间收益，还有学度平均和用度平均收益，算一个标准分加和，对标准差也是同样的标准化处理，得到风险评分，收益评分减风险评分，得到风险调整收益得分，从高到低排列，五个等级各占 20%
海通证券	海通评级方法只计算四个数——简单收益、风险调整收益、持股调整收证券益、契约因素，权重分别占 35%、30%、20%、15%
济安金信	评级方式较为重视基金产品是否合规与守约的刚性规定，剔除违反法律法规，明显偏离基金合同约定的产品，评级原则为类推原则、相关性原则，但最终评价原则为能否为投资者提供长期稳定的投资回报

上述表格虽然看上去较为复杂，但是实际上评级方式大致相同，都是先将基金进行分类，再根据具体设计内容进行打分。一共有五颗星的等级，星级越高越可靠，投资者在挑选星级时，需要注意的是要寻找权威的评级机构进行审评。

但基金评级有个弊端，它的信用级别更多反映的是基金过去的历史业绩。对于股票型基金来说，在过去一段时间内业绩过好的基金，往往对应的领域也处在红利期，但任何一个领域都很难长期处于高速增长期，当红利过去后，行业可能会走下坡路，该行业对应的股票基金净值也有下滑的可能，这一点需要重视。

4.2.3 评判基金业绩表现的标准

正确的基金业绩评价也是基金投资重要的准备。投资者需要先选择基金，而选择基金就是要选择业绩表现好的基金，没有人投资基金是要做亏损的业务。基金业绩评价也需要一定的方法和标准，通常投资者可以参考以下 4 个指标来判断基金的业绩。

1. 总资产净值

总资产是根据基金组合中现金的总价值、股票、债券等有价证券来计算的，一般以证券交易所公布的当日收盘价为计算标准，所以天天波动。如果一只基金的资产净值处于增长状态，那么该基金的业绩较好，可以进行投资；相反，这项投资将是非常有风险的。

其计算公式为：总资产净值 = 总资产 − 总负债

总资产净值由总资产减去总负债得到，资产总额必须减去本基金发放利息和股息时应支付的利息和股息之和。基金负债主要是指从银行间拆借市场借入的资金、支付给基金公司的管理费以及托管机构的托管费等必要费用。

基金总资产净值的增长来自 3 个方面：投资收益（利息、股息收益和资本增值）、基金吸收额的增加和费用的减少。其中最重要的是投资收益。如果基金经营状况良好，投资收益高，将会吸引更多的投资者投资基金，使基金的资产净值高于平均水平。

2. 单位净值变化

基金单位净资产值等于基金总资产减去总负债余额除以基金发行单

位总数。

其计算公式为：基金单位净值 =(总资产 − 总负债) ÷ 基金单位

这里的基金资产总值是指基金包含的所有资产。负债总额是指本基金在经营和筹资过程中形成的负债，包括应付给他人的各项费用和应付资本利息等；基金单位总数是指当年发行的基金单位总数。

3. 投资报酬率

投资报酬率是指投资者在拥有基金的一段时间内，基金价值的增长比率。对于投资者来说，投资报酬率越高则说明基金的盈利效果越好，投资者获得的收益越多。

计算公式为：投资报酬率 =（期末净资产总值 − 期初净资产总值）÷ 期初净资产总值 ×100%

相对于开放式基金而言，不需要将投资所得进行提取，而是继续进行下一轮投资，这时基金回报率的公式略有不同。

即投资报酬率 =（期末净资产总值 − 期初净资产总值 + 利息 + 股利）÷ 期初净资产总值 ×100%

4. 夏普比率

夏普比率的作用是衡量基金绩效情况，它的计算方法很简单。

计算公式为：夏普比率 = 基金净值增长率平均值 − 无风险利率基金净值增长率的标准差

它的优点在于对投资的风险与收益进行综合性考虑，如果计算结果为正值，说明基金增长率高于风险比率，即在这种情况下适合基金投资。数值越大，风险回报率越高。

4.3 基金购买的三大注意事项

很多投资者误以为基金是十分稳健保本的投资产品。其实基金也属于风险投资产品，一样需要投资者擦亮眼睛，了解行业发展趋势，谨慎购买。在这里为投资者进行 4 个方面的提示，希望能对投资者购买基金有所帮助。

4.3.1 量入为出投资基金

虽然基金在投资市场中属于风险较低、较为稳健的投资产品，但是归根到底，它依旧属于投机范畴，因此势必存在一定风险。

投资者在选择基金产品时，要先了解其所涉及行业市场的发展情况，了解基金理财的方式方法，结合自身的偏好，选择更适合自己的基金产品。

这里需要注意的是，投资者切勿跟风购买基金产品，一定要有自己的主见。

4.3.2 别患净值恐高症

很多投资者发现在购买基金的时候，买卖价格差距很大，这种差距就是净值。

很多投资者认为要买相对便宜的基金，这样即使跌落也不会赔很多钱，但实际上，并不像投资者想象的那样简单。基金与股市高度相关，基金的风险存在于其持有股票的风险，这和基金净值绝对值的多少没有什么关系。

因此，投资者应该明确了解净值的价值，再进行基金的选择，不要盲目认为净值的高低会造成怎样的风险。

4.3.3 不能仅根据基金评级来挑选基金

投资者不能仅仅根据基金评级来挑选基金，因为投资者投资基金是为了获得盈利，盈利多少并不只是由基金的好坏来决定的。有的时候，好的基金做不好也会亏本，坏的基金运用合理的方式方法也能顺利盈利。

基金机构的人员流动也会影响基金的盈亏，基金经理的水平高低不一，操控手法也不尽相同。因此，需要投资者擦亮眼睛，在利用基金评级规避风险的同时，还要找准基金机构和基金经理人，让一切处于最合理的状态再进行投资。

4.3.4 找到适合自己投资基金的方法

基金有两种买入方式，一种是单笔投资、一种是定期投资，两种方式刚好对应了两种不同的收益优势。

1．单笔投资的金额较大，伴随着更高的收益与更高的风险系数，由此不能轻易投入，那什么样的基金走势适合我们做单笔投入的投资呢？

（1）看大盘。大盘可以展现整体股市的交易行情，当大盘形势不佳时，市场资产就会面临被低估的情况，低处买入是投资者单笔投资的好时机。

（2）看热点。这里所说的热点是指先机，市场上每只股的涨幅与热点有关，例如中美贸易的结果与黄金、人民币涨跌紧密相连。抓住时机进行单笔投资可以创造巨大的差价收益。

（3）看基金管理人。投资者在投资每只基金时都要留意基金管理人的从业时间、业绩、理财理念等信息，来确保基金能够获得可观收益，由此投资者才能放心买入。

（4）看基金走势。在考虑买入时还要关注基金的走势，走势图中会为投资者显示近 1 年、6 个月、3 个月的基金走势图。一定要通过基金走势判断是否买入。

2. 基金定投

定期投入的基金有一个优势是可以很好地分散风险，另外一个优势是有利于投资者分摊成本，通过多次定期投入、多仓配置，可以摊薄基金的投资成本。同时依照高抛低吸的策略，解决了预测底部可能产生的不确定性，同时降低了预期风险，利于长期投资。

以上两种基金配置的投资方式理念不同，投资者要根据不同的基金情况和实际的自身情况来判断具体通过什么方式买入。

4.4 神奇的基金定投

“定投”这个方法，对投资固定收益类的品种来说，仅仅是能体现复利投资的作用。“定投”技巧往往在购买基金或者黄金等这类浮动品种上面使用较多。购买基金和大宗商品时，通过定投的方式，在降低投资者的投资风险的同时，还能额外产生一定的收益。

由于投资者每次买入的金额是固定的，那么当价格高时，买入的单位数量就会少；当价格低时，同样的金额买入的单位数量就多。投资者长期坚持下来，就会出现价格低时买的多，价格高时买的少，在买入次数的均价成交时，个人就能享受额外的收益，这就是定投的作用。另外，由于是分多次买进的，定投的总体风险能低一些，比较适合新手投资者体验性投资时使用。

4.4.1 基金定投方式带来收益

既然“定投”有这些作用，但这项方法到底能带来多少额外的回报率呢？

下面将以 1 万元为投资者所有的本金资产计算，分 10 次和 20 次在递减价格时定额买入，然后在 10 次购买的均价上面卖出，探讨不同价格波动之时，在买入次数均价卖出，额外产生的收益情况。

1. 分次 10 买入

在不同价格波动下，投资者用定额投资方法投资一个周期，然后在 10 次买入的均价（备注：本文均价都为本章节图表内第三列价格的平均值）时卖出。

当价格波动在 10%、20%、30%、40% 时，投资产生的额外收益如表 4-2 ~ 表 4-5 所示。

表 4-2　基金定投细分（涨跌 10%）交易 10 次

基金定投细分（涨跌10%）交易10次					
序号	买入金额	价格	数量	均价	卖出价值
1	1000	1	1000		
2	1000	0.99	1010.101		
3	1000	0.98	1020.4082		
4	1000	0.97	1030.9278		
5	1000	0.96	1041.6667		
6	1000	0.95	1052.6316		
7	1000	0.94	1063.8298		
8	1000	0.93	1075.2688		
9	1000	0.92	1086.9565		
10	1000	0.91	1098.9011		
小计	10000		10481	0.955	10009
盈利		0.09%			

表 4-3　基金定投细分（涨跌 20%）交易 10 次

基金定投细分（涨跌20%）					
序号	买入金额	价格	数量	均价	卖出价值
1	1000	1	1000		
2	1000	0.98	1020.408		
3	1000	0.96	1041.667		
4	1000	0.94	1063.83		
5	1000	0.92	1086.957		
6	1000	0.9	1111.111		
7	1000	0.88	1136.364		
8	1000	0.86	1162.791		
9	1000	0.84	1190.476		
10	1000	0.82	1219.512		
小计	10000		11033.11	0.91	10040
盈利		0.40%			

表 4-4　基金定投细分（涨跌 30%）交易 10 次

基金定投细分（涨跌30%）					
序号	买入金额	价格	数量	均价	卖出价值
1	1000	1	1000		
2	1000	0.97	1030.928		
3	1000	0.94	1063.83		
4	1000	0.91	1098.901		
5	1000	0.88	1136.364		
6	1000	0.85	1176.471		
7	1000	0.82	1219.512		
8	1000	0.79	1265.823		
9	1000	0.76	1315.789		
10	1000	0.73	1369.863		
小计	10000		11677	0.865	10101
盈利		1.01%			

表 4-5　基金定投细分（涨跌 30%）交易 10 次

基金定投细分（涨跌40%）					
序号	买入金额	价格	数量	均价	卖出价值
1	1000	1	1000		
2	1000	0.96	1041.667		
3	1000	0.92	1086.957		
4	1000	0.88	1136.364		
5	1000	0.84	1190.476		
6	1000	0.8	1250		
7	1000	0.76	1315.789		
8	1000	0.72	1388.889		
9	1000	0.68	1470.588		
10	1000	0.64	1562.5		
小计	10000		12443	0.82	10203
盈利		2.03%			

由 4 个表中计算的结果可知，通过等额定投的方式，在 10 个不同价格位置买入等额的金额，也就是 1 000 元时，结果如下：

（1）当涨跌幅度为 10% 时，额外产生 0.09% 的收益；

（2）当涨跌幅度为 20% 时，额外产生 0.4% 的收益；

（3）当涨跌幅度为 30% 时，额外产生 1.01% 的收益；

（4）当涨跌幅度为 40% 时，额外产生 2.03% 的收益。

通过这组数据比较可以得知，只有当价格波动越大时，定投才能有价值体现，如果价格波动在 10% 以内，定投产生的额外收益仅为 0.09%，价格波动达 40% 时，定投额外能产生 2.03% 的收益。

鉴于此，如果投资者用定投方法投资，挑选基金时，可尽量挑价格浮动变化比较大的基金定投，效果能更好些。如果是货币基金那种价格稳如一条平稳直线的基金，定投的作用仅仅是类似定投固定类收益品种一样，只能产生复利，而因价格波动差带来的复利，几乎可以忽略。

2. 分次 20 买入

在不同价格波动下，投资者用定额投资方法一个周期，然后在 20 次买入的均价时卖出。

当价格波动在 10%、20%、30%、40% 时，产生的额外收益如表 4-6 ~ 表 4-9 所示。

表 4-6 基金定投细分（涨跌 10%）交易 20 次

基金定投细分（涨跌10%）交易20次					
序号	买入金额	价格	数量	均价	卖出价值
1	500	1	500		
2	500	0.995	502.51256		
3	500	0.99	505.05051		
4	500	0.985	507.61421		
5	500	0.98	510.20408		
6	500	0.975	512.82051		
7	500	0.97	515.46392		
8	500	0.965	518.13472		
9	500	0.96	520.83333		
10	500	0.955	523.56021		
11	500	0.95	526.31579		
12	500	0.945	529.10053		
13	500	0.94	531.91489		
14	500	0.935	534.75936		
15	500	0.93	537.63441		
16	500	0.925	540.54054		
17	500	0.92	543.47826		
18	500	0.915	546.44809		
19	500	0.91	549.45055		
20	500	0.905	552.48619		
小计	10000		10508	0.953	10009
盈利		0.09%			

表 4-7 基金定投细分（涨跌 20%）交易 20 次

基金定投细分（涨跌20%）交易20次					
序号	买入金额	价格	数量	均价	卖出价值
1	500	1	500		
2	500	0.99	505.0505		
3	500	0.98	510.2041		
4	500	0.97	515.4639		
5	500	0.96	520.8333		
6	500	0.95	526.3158		
7	500	0.94	531.9149		
8	500	0.93	537.6344		
9	500	0.92	543.4783		
10	500	0.91	549.4505		
11	500	0.9	555.5556		
12	500	0.89	561.7978		
13	500	0.88	568.1818		
14	500	0.87	574.7126		
15	500	0.86	581.3953		
16	500	0.85	588.2353		
17	500	0.84	595.2381		
18	500	0.83	602.4096		
19	500	0.82	609.7561		
20	500	0.81	617.284		
小计	10000		11095	0.91	10041
盈利		0.41%			

表 4-8　基金定投细分（涨跌 30%）交易 20 次

基金定投细分（涨跌30%）交易20次					
序号	买入金额	价格	数量	均价	卖出价值
1	500	1	500		
2	500	0.985	507.6142		
3	500	0.97	515.4639		
4	500	0.955	523.5602		
5	500	0.94	531.9149		
6	500	0.925	540.5405		
7	500	0.91	549.4505		
8	500	0.895	558.6592		
9	500	0.88	568.1818		
10	500	0.865	578.0347		
11	500	0.85	588.2353		
12	500	0.835	598.8024		
13	500	0.82	609.7561		
14	500	0.805	621.118		
15	500	0.79	632.9114		
16	500	0.775	645.1613		
17	500	0.76	657.8947		
18	500	0.745	671.1409		
19	500	0.73	684.9315		
20	500	0.715	699.3007		
小计	10000		11783	0.858	10104
盈利		1.04%			

表 4-9　基金定投细分（涨跌 40%）交易 20 次

基金定投细分（涨跌40%）交易20次					
序号	买入金额	价格	数量	均价	卖出价值
1	500	1	500		
2	500	0.98	510.2041		
3	500	0.96	520.8333		
4	500	0.94	531.9149		
5	500	0.92	543.4783		
6	500	0.9	555.5556		
7	500	0.88	568.1818		
8	500	0.86	581.3953		
9	500	0.84	595.2381		
10	500	0.82	609.7561		
11	500	0.8	625		
12	500	0.78	641.0256		
13	500	0.76	657.8947		
14	500	0.74	675.6757		
15	500	0.72	694.4444		
16	500	0.7	714.2857		
17	500	0.68	735.2941		
18	500	0.66	757.5758		
19	500	0.64	781.25		
20	500	0.62	806.4516		
小计	10000		12605	0.81	10210
盈利		2.10%			

从 4 个表中计算的结果可以得知，通过等额定投的方式在 20 个不同价格位置以等额的资金买入，也就是 500 元时，结果如下：

（1）当涨跌幅度为 10% 时，额外产生 0.09% 的收益（10 次时额外 0.09%）；

（2）当涨跌幅度为 20% 时，额外产生 0.4% 的收益（10 次时 0.4% 的）；

（3）当涨跌幅度为 30% 时，额外产生 1.01% 的收益（10 次时额外收益是 1.01%）；

（4）当涨跌幅度为 40% 时，额外产生 2.03% 的收益（10 次时额外收益是 2.03%）。

额外的收益在超过 10 次后，与投资者买进次数的多少已经没什么关系了；分 20 次买进时额外产生的收益主要还是与价格波动的幅度有关系，波动得越厉害时，效果越明显。但考虑到如果用基金等额定投的方式，即使价格波动达到 40% 时，才能额外产生 2.03% 的收益，所以由此得出了第二种定投的方法。

4.4.2 差异化的定投

考虑到投资者分 20 次买入的效果和分 10 次买入的效果非常接近，所以就不再分析分 20 次买入的结果，在个人测试这种方法时，两者的效果也非常接近。所以下面只讨论投资者分 10 次买入的效果。

所谓差异化的定投，即并不是每次买入金额完全一样，主要分三类不同金额的买入次数，按 3 ∶ 4 ∶ 3 的比例，3 次买入 500 元，4 次买入 1 000 元，3 次买入 1 500 元，总量还是买入 1 万元。投资者用这种方法定投时，当价格波动在 10%、20%、30%、40% 时，产生的额外收益如表 4-10 ~ 表 4-13 所示。

表 4-10　差异化定投细分（涨跌 10%）交易 10 次

差异化定投细分（涨跌10%）交易10次					
序号	买入金额	价格	数量	均价	卖出价值
1	500	1	500		
2	500	0.99	505.05051		
3	500	0.98	510.20408		
4	1000	0.97	1030.9278		
5	1000	0.96	1041.6667		
6	1000	0.95	1052.6316		
7	1000	0.94	1063.8298		
8	1500	0.93	1612.9032		
9	1500	0.92	1630.4348		
10	1500	0.91	1648.3516		
小计	10000		10596	0.955	10119
盈利		1.19%			

表 4-11　差异化定投细分（涨跌 20%）交易 10 次

差异化定投细分（涨跌20%）交易10次					
序号	买入金额	价格	数量	均价	卖出价值
1	500	1	500		
2	500	0.98	510.2041		
3	500	0.96	520.8333		
4	1000	0.94	1063.83		
5	1000	0.92	1086.957		
6	1000	0.9	1111.111		
7	1000	0.88	1136.364		
8	1500	0.86	1744.186		
9	1500	0.84	1785.714		
10	1500	0.82	1829.268		
小计	10000		11288.47	0.91	10273
盈利		2.73%			

表 4-12　差异化定投细分（涨跌 30%）交易 10 次

差异化定投细分（涨跌30%）交易10次					
序号	买入金额	价格	数量	均价	卖出价值
1	500	1	500		
2	500	0.97	515.4639		
3	500	0.94	531.9149		
4	1000	0.91	1098.901		
5	1000	0.88	1136.364		
6	1000	0.85	1176.471		
7	1000	0.82	1219.512		
8	1500	0.79	1898.734		
9	1500	0.76	1973.684		
10	1500	0.73	2054.795		
小计	10000		12106	0.865	10472
盈利		4.72%			

表 4-13　差异化定投细分（涨跌 40%）交易 10 次

差异化定投细分（涨跌40%）交易10次					
序号	买入金额	价格	数量	均价	卖出价值
1	500	1	500		
2	500	0.96	520.8333		
3	500	0.92	543.4783		
4	1000	0.88	1136.364		
5	1000	0.84	1190.476		
6	1000	0.8	1250		
7	1000	0.76	1315.789		
8	1500	0.72	2083.333		
9	1500	0.68	2205.882		
10	1500	0.64	2343.75		
小计	10000		13090	0.82	10734
盈利		7.34%			

从 4 个表中计算的结果可以得知，通过差异化定投的方式在 10 个不同价格位置买入等额的金额，额外产生收益结果如下：

（1）当涨跌幅度为 10% 时，额外产生 1.19% 的收益（对应等额定投时额外收益为 0.09%）；

（2）当涨跌幅度为 20% 时，额外产生 2.73% 的收益（对应等额定投时额外收益为 0.4%）；

（3）当涨跌幅度为 30% 时，额外产生 4.72% 的收益（对应等额定投时额外收益为 1.01%）；

（4）当涨跌幅度为 40% 时，额外产生 7.34% 的收益（对应等额定投时额外收益为 2.03%）。

通过比较，当涨幅度达到 40% 时，投资者用差异化定投的方法买入，均价卖出时，投资者就能有 7.34% 的额外收益。循环一个周期的时间越短，投资者整体年化回报率就会越高，但要考虑买卖手续费。

4.4.3　等差数列定投

差异化定投的另一个变种就是等差数列的定投，那么等差数列的定投，投资者额外产生的收益效果又如何呢？下面让我们继续做测算。

分 20 次买入的效果和分 10 次买入的效果依然非常接近。所以这里也只讨论分 10 次买入的效果。

所谓等差数列定投，即投资者每次买入的数量随价格的变化呈等差数列有规律的变化，个人设定的公差为 200，起始值也为 200，中间第五次和第六次都是 1 000，总量还是买入 1 万元。用这种方法时，当价格波动在 10%、20%、30%、40% 时，产生的额外收益如表 4-14 ~ 表 4-17 所示。

表 4-14　等差数列定投细分（涨跌 10%）交易 10 次

等差数列定投细分（涨跌10%）交易10次					
序号	买入金额	价格	数量	均价	卖出价值
1	200	1	200		
2	400	0.99	404.0404		
3	600	0.98	612.2449		
4	800	0.97	824.74227		
5	1000	0.96	1041.6667		
6	1000	0.95	1052.6316		
7	1200	0.94	1276.5957		
8	1400	0.93	1505.3763		
9	1600	0.92	1739.1304		
10	1800	0.91	1978.022		
小计	10000		10634	0.955	10156
盈利		1.56%			

表 4-15　等差数列定投细分（涨跌 20%）

等差数列定投细分（涨跌20%）					
序号	买入金额	价格	数量	均价	卖出价值
1	200	1	200		
2	400	0.98	408.1633		
3	600	0.96	625		
4	800	0.94	851.0638		
5	1000	0.92	1086.957		
6	1000	0.9	1111.111		
7	1200	0.88	1363.636		
8	1400	0.86	1627.907		
9	1600	0.84	1904.762		
10	1800	0.82	2195.122		
小计	10000		11373.72	0.91	10350
盈利		3.50%			

表 4-16　等差数列定投细分（涨跌 30%）

等差数列定投细分（涨跌30%）					
序号	买入金额	价格	数量	均价	卖出价值
1	200	1	200		
2	400	0.97	412.3711		
3	600	0.94	638.2979		
4	800	0.91	879.1209		
5	1000	0.88	1136.364		
6	1000	0.85	1176.471		
7	1200	0.82	1463.415		
8	1400	0.79	1772.152		
9	1600	0.76	2105.263		
10	1800	0.73	2465.753		
小计	10000		12249	0.865	10596
盈利		5.96%			

表 4-17　等差数列定投细分（涨跌 40%）

等差数列定投细分（涨跌40%）					
序号	买入金额	价格	数量	均价	卖出价值
1	200	1	200		
2	400	0.96	416.6667		
3	600	0.92	652.1739		
4	800	0.88	909.0909		
5	1000	0.84	1190.476		
6	1000	0.8	1250		
7	1200	0.76	1578.947		
8	1400	0.72	1944.444		
9	1600	0.68	2352.941		
10	1800	0.64	2812.5		
小计	10000		13307	0.82	10912
盈利		9.12%			

从 4 个表中计算的结果可以得知，通过等差数列定投的方式在 10 个不同价格位置买入等额的金额，投资者额外产生的收益结果如下：

（1）当涨跌幅度为 10% 时，额外产生 1.56% 的收益（对应差异化定投时额外收益为 1.19%）；

（2）当涨跌幅度为 20% 时，额外产生 3.50% 的收益（对应差异化定投时额外收益为 2.73%）；

（3）当涨跌幅度为 30% 时，额外产生 5.96% 的收益（对应差异化定投时额外收益为 4.72%）；

（4）当涨跌幅度为 40% 时，额外产生 9.12% 的收益（对应差异化定投时额外收益为 7.34%）。

通过比较可以发现，投资者用等差数列的定投方式比用差异化定投额外产生的收益还能再高些，但主要还是受一个周期内价格波动的影响最大。价格波动越大的，用等差数列定投效果越明显。当涨跌幅度达到 40% 时，能额外产生 9.12% 的收益，这仅仅是因为操作额外带来的收益，所以非常可观。实际执行起来，一只 QDII 型基金或者股票型基金价格波动在 20% 左右较多。如果周期短，交易费率低的时候，效果就比较明显。

4.4.4 基金定投小结

1. 采用定投方法时，当价格波动越大时，定投产生的额外收益越明显，反之作用越小

这种模式适合刚入行什么都不懂的新人投资者，最开始体验时，采用这类模式总体风险最小。但这种方法即使盈利，收益率也不可能太高。操作很简单，每次投入的金额数量都一样。

2. 采用差异化定投时，能产生额外收益远高于普通定投

这种方法更适合有一定专业基础知识，能看懂走势的投资者。这种情况下采用三种不同额度的定投，在不同价格时进入，能额外产生的收益能高些。就拿价格波动 20% 来说，一个循环周期下来，即使在买入均价卖出也能产生 2.73% 的收益。这种方法的操作也较简单，主要就是在 3 个不同的价格买入。

3. 采用等差数列定投，这种能产生的额外收益比差异化还能再高些

这类操作更需要投资者具备一定经验，要求投资者能把握准价格走势。按价格 20% 的波动来说，能额外带来 3.5% 的收益。但这种方式的操作较麻烦，因为不同价格时，买入的金额数量不一样，所以每次都要去翻不同价格时对应的买入金额，投资思路也相对烦琐，更适合职业投资者，而不一定适合普通大多数人。

4. 理想化的等差数列定投

即价格最低时一次性买入，均价时一次性卖出，但这种仅仅是理想化的模式，适合顶尖级的职业玩家。顶尖级职业玩家如果还用普通定投的方式，那数年下来的实际收益率估计很难赶上 P2P 的收益率。

5. 在选用定投的方法投资时，尽量挑选价格波动大的入手

价格波动小的采用定投产生的额外收益几乎可以忽略不计。

6. 定投次数不宜过多

次数过多后产生的额外收益跟分 10 次买入产生的额外收益相差非常小。对于有经验的投资人来说，其实没有太大的必要分太多次买入。分的次数越多，往往越平均，虽然风险小，但实际上长期操作下来的收益率很难上去。

以上就是测算投资者以不同方式的“定投”方法产生的效果比较，不同经验的投资人要找准个人投资经验的定位，运用所对应的不同“定投”方式，才有望产生更大的收益率。

第 5 章

债券投资：收益稳定，风险兼顾

债券是大型企业或者政府组织为了获得资金进行投资，按照法律规定面向大众发行的，并承诺在指定时间还本付息的有价值证券。它相当于一种金融契约，相对于股票来说更加安全稳健。因此，越来越多的投资者倾向于用债券投资的方式进行投资。

本章节就为各位创业者讲解分析债券投资的内容，告诉大家如何选择适合的债券，以及债券投资的技巧。

5.1 债券的特征

债券是市场中一种重要的投资手段，它和股票、基金、保险同属于投资的范畴。无论是投资者还是大众群体都知道，债券投资是一种十分安全的投资方式。

那么，债券投资具体有什么特点呢？它包含哪些要素和基本技巧呢？本节将为大家解惑。

5.1.1 债券的特点和基本要素

虽然投资市场上的债券产品多种多样，但是其包含的基本要素是相对一致的。债券主要包括 5 个方面，如图 5-1 所示。

图 5-1 中为债券包含的 5 个要素

1. 债券面值

它代表发行债券的票面价值，是发行方在特定时期需要归还给债权人的本金数额。但是债券面值与售卖价格并不一定相同，当债券面值高于售卖价格时，属于折价发行；当债券面值低于售卖价格时，属于溢价发行；当两者相等时，属于平价发行。

2. 偿还期

它是指债券上标明的还款期限，发行方要根据企业的实际运营情况来确定偿还期。

3. 付息期

它是指企业或政府销售债券之后，需要支付给债权人利息的特定日期。在通货膨胀等问题下，付息期对于投资者的收益会产生很大影响。

4. 票面利率

它是指债券的应付利息与债券票面价值的比例关系，并受到银行利率、资本市场供求关系、偿还期限与计算方法的影响。

5. 发行人名称

它是债权人最终在规定的日期将投入的本金和应得的利息收回的重要依据。

它是债券债务的凭证，也是有价证券的一种，是实际运行过程中使用真实资本的凭证。

它具有易偿还、收益性高、流动性强、更加安全等特点，可以在投资市场上流动，灵活地转让给其他投资者，而且规定好了到期还本付息，相对较稳健，而且保障了投资者的收益。

掌握这些特点与要素，对于投资者对债券市场的学习与实践来说，具有极为实用的意义。

5.1.2 投资国债有哪些技巧

相对于其他投资方式来说，国债投资的风险小、起点低、回报稳定。但并不是说投资者就可以高枕无忧，在实际的购买中，投资国债也有一定技巧方法，借以增加流动性和灵活性，方便自己资金的实际需求。

实际使用中有平摊法、计划法、三角法、梯形法这 4 种方法，如图 5-2 所示。

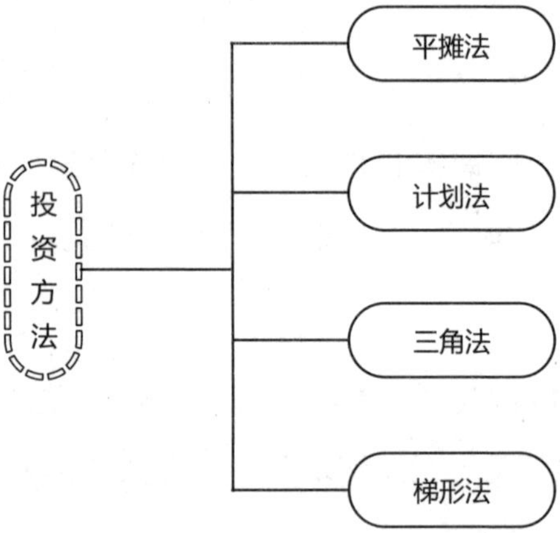

图 5-2　投资国债的方法

1. 平摊法

投资者选定一个期限，在此期限内无论国债的价格如何波动，都定时定量进行购买，这样可以让平均成本小于实际价格。

2. 计划法

投资者找到国债投资目标之后，运用“低进高出”的原则进行投资。先是规划等级，降级买入一定量的国债，升级则卖出一定量的国债。

3. 三角法

由于投资者投资国债的时间不同，因此获得的收益也不尽相同。投资者可以在某一时段内连续投资国债，保障期到期时限差不多，这样当获得收益的时候就可以再度进行新一轮的投资。

4. 梯形法

投资者可以每隔一段时间投资一部分国债，这样既能保障资金流动性，又能使收益平稳增加。

提到国债的缺点，普遍会认为是流动性不好，但实际上和投资者具体购买的种类相关，一般国债从类型上分为无记名式、记账式、凭证式、电子储蓄式等，从付息方式上分为到期本息或按年付息等。

无记名式国债的历史最长，也就是国库券，是实物券形式的国债；记账式是无纸化方式发行的以电脑记账方式记录债权，并可以上市交易的债券；凭证式国债是填制国库券收款凭证的方式发行的国债；电子储蓄式国债也叫储蓄国债，属于满足长期储蓄性投资需求的国债品种。

比如，无记名式和记账式国债的流动性比凭证式和电子储蓄国债的流动性体验要好，前两者因为可以上市交易，流动性较强，但是这两种交易型的国债价格会随市场变动，具有一定风险，所以一般无记名式国债适合金融机构购买，记账式国债适合有一定金融专业知识基础的人购买，而凭证式国债和电子式储蓄国债风险方面相对比较稳定，更适合大众投资者的需求。

如果想获取相对于票面利率更高的收益，往往要承担更多的市场风险，如价格涨跌。如果喜欢稳定收益的，也要有对应额度的国债选择。

相比于股市风云变幻、基金收益不断降低的情况，投资者不如选择国债这种相对稳健的投资方式进行投资，更能保障资本的保值与增值。

5.2 技术指标的百宝箱

投资债券和投资股票、基金、保险一样，都是有相对风险存在的。因此，投资者需要拥有专业的投资债券的技术指导。它不但可以让投资者规避风险，还可能保障投资者资本不断升值。

本节将为各位投资者讲解分析投资债券的方法与技术。

5.2.1 债券价格的变动

债券价格的高低到底有什么奥秘？很多时候，当债券的价格降低时，债券的收益率反而会升高。这让投资者产生疑惑，因为债券的价格与收益都是事先约定好的，为什么还会出现此类变动呢？

下面来分析介绍一下，收益率对债券价格变动所产生的影响。

1. 名义收益率

是指名义上的收益与本金的比率，也就是票面上的利率。

其公式为：名义收益率 = 年利息收入 / 票面金额 ×100%

2. 到期收益率

是指投资者购买的债券在特定日期时获得的实际收益与投资本金的比率。

3. 即期收益率

即期收益率又称零息利率，主要是指债券到期零利息的债券。

4. 持有期收益率

是指买卖债券之后的年平均收益率，它的最后一笔现金流为卖出价格。

5. 认购者收益率

它是指投资者购买债券之后，在特定日期的资本收入概率。

以上这些收益率影响着债券价格的变动，但具体是怎样影响的呢？

例如，投资者购买价值 100 元的债券，票面利率为 5%，当利率上升时，新发行的债券票面利率为 9%。这时投资者需要以更低的价格卖出债券，否则相同的价格，其他投资者为什么要选择购买票面利率为 5% 的债券呢？

因此，当利率下降时，投资者的债券价值会增高，投资者的债券受利率的影响不断变动。

5.2.2 计算到期收益率

是指以债券发行的价格购买债券，投资者所持有的债券在特定日期所得到的资本收入。

其公式为：购进价格 = 每年利息 × 年金现值系数 + 面值 × 复利现值系数

当债券的到期利率≥必要报酬时，投资者应该选择购买债券；反之，则应出售债券。这里需要注意的是，如果债券每年多次付息，按照流入与流出的现值计算出的收益率为周期性收益率。

5.2.3 速算神器：久期与凸性

久期是指债券价格对于利率敏感性的衡量标准，久期值越高，利率变动对于债券价格的影响越大。久期是以现金流占总现值的比例为权重，对每次现金流发生时间加权平均的结果。

在久期给定的情况下，凸性反映了债券带来的现金流集中度，现金流越集中，凸性越小；现金流越分散，凸性越大。

这里需要投资者注意的是，久期是平均的到期时间，凸性是指在特定时期到期收益率发生变动而引起的价格变动幅度。

综上所述，久期值越小，利率变动对价格的影响越小；现金流越集中，凸性越小。

投资者若能掌握久期和凸性这两种速算技巧，便可以更好地选择债券投资的种类，合理规避风险。

虽然这两种数值对于投资者选择债券有很大的帮助，但是投资者在选择目标债券时，还是需要先了解行业市场大环境与发行单位的运营状况，合理规避风险。

5.3 债券风险把控

债券与其他方式的投资有很多相似之处，它们也面临着各种各样的风险，这种风险存在于政策之中、市场经济的不断变化之中、银行利率的变化之中，以及市面上货币的流通速度等。

怎样规避风险或者掌控风险便成为各位投资者需要考虑的重要问题。本节将为投资者讲解这部分内容。

5.3.1 如何规避债券投资的风险

相比于其他投资方式，债券相对稳定，但是依旧存在相应的风险。债券面临的风险如图 5-3 所示。

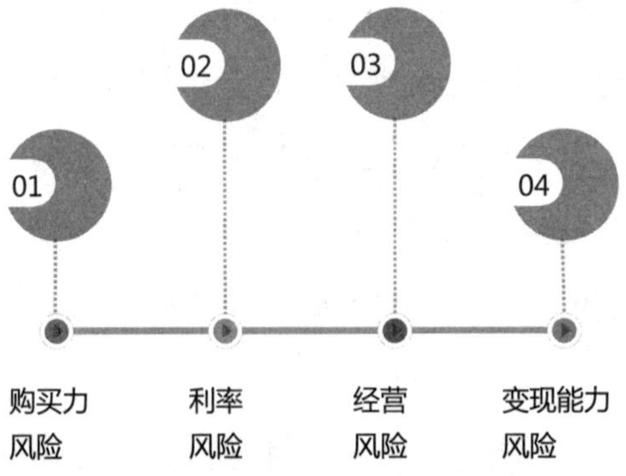

图 5-3 债券面临的风险

1. 购买力风险

面对这种风险时，投资者需要运用分散的方式进行投资，它产生的风险可以由一系列高收益的投资方式所弥补。

2. 利率风险

当银行利率不断升高时，债券的价格会相应降低。投资者这时应该持有长短两种债券来规避风险。若利率不上升，短期债券可以迅速撤回；如果利率下降，长期债券可以持续保持高收益。

3. 经营风险

主要是指债券发行方的企业运营不佳，致使企业资产亏损较为严重，投资者将遭受损失。因此，在投资之前，投资者需要对将要投资的债券背后的发行方进行深入调查，审查其运营能力、盈利能力和偿还能力。

4. 变现能力风险

是指某些特定时候，投资者无法尽快将债券卖掉而产生的风险问题。投资者在选择债券产品的时候，需要尽量选择热门的债券进行投资；投资冷门债券有可能导致在需要变现时，无法正常交易。

综上所述，投资者在选择投资方式时，最好以配置资产的方法，选择股票、基金、债券等多种投资方式进行投资理财，这样有助于分散风险。而且在实际投资债券时，最好根据需要，选择适合的长短两类债券，以应对利率变动带来的风险。

5.3.2 债券信用评级如何识别

债券信用评级是在历史数据的基础上，考虑发行方的意愿以及能力，对某债券的到期还本付息能力进行综合性评估，并且标识信用等级。

不同的评级机构对于发行方和债券项目都有类似的等级分配制度。

目前国内公司主体长期信用等级划分成 9 级，（笔者在自己的个人微信公众号——大佛聊互联网金融的评级文章中，每期都会有介绍。）分别用 AAA、AA、A、BBB、BB、B、CCC、CC 和 C 表示；其中，除 AAA 级，CCC 级（含）以下等级外，每一个信用等级可用“+”“-”符号进行微调，表示略高或略低于本等级。

AAA 级：最高信用质量，偿还债务的能力极强，基本不受不利经济环境的影响，违约风险极低。

AA 级：很高信用质量，偿还债务的能力很强，受不利经济环境的影响不大，违约风险很低。

A 级：高信用质量，偿还债务能力较强，较易受不利经济环境的影响，违约风险较低。

BBB 级：不错的信用质量，偿还债务能力一般，受不利经济环境影响较大，违约风险一般；此级别是最低的投资级别。

BB 级：一般资信质量，偿还债务能力较弱，受不利经济环境影响很大，违约风险较高；当遇到不利环境时会遭受较大打击。

B 级：高投机性，偿还债务的能力较大地依赖于良好的经济环境，违约风险很高；当遇到不利环境时会遭受重大打击。

CCC 级：目前有可能违约，偿还债务的能力极度依赖于良好的经济环境，违约风险极高。

CC 级：目前违约可能性很高，在破产或重组时可获得保护较小，基本不能保证偿还债务。

C 级：不能偿还债务。

长期债券（含公司债券）信用等级符号及定义同公司主体长期信用等级。

通常情况下，当外部条件稳定的时候，债券的等级越低，面临的风险越大。但这里需要注意的是，债券信用等级的评估只是对于债券风险的预测，并不一定是绝对的风险大，收益无保障。优秀的运营者会将企业运营得更好，而信用等级也会不断增长。

5.3.3 个人如何购买债券

在债券市场中，债券项目有很多种类型，例如国债、地方债、企业债、可转债等。不同的债券购买方式不同，投资者个人如果想要购买债券，需要先考虑清楚自己适合购买哪种类型的债券再进行投资。

下面介绍一下购买债券的方式。

个人投资者可以到银行或证券公司开设债券账户进行债券的购买，不但可以最终获得还本付息的收益，还能使用可转换债将债券卖给他人，从而快速获得交易差价，这是一种很好的收益方式。

个人在选择债券项目时需要考虑以下 3 个方面的因素。

1. 风险

投资者需要根据自身的经济能力与可承受风险能力，选择满足自身投资要求的债券产品。尽量选择低风险、稳健回报的债券产品。

2. 利率

投资债券基金时，可以优先考虑利率情况，利率增高则债券价格下跌，反之则债券价格上涨。

3. 收费方式

有 3 种不同方式的收费标准，A 类收费方式是前期收费，适合不知道需要投资多久的投资者；B 类收费方式是后期收费，适合长期债券投资者；C 类收费方式是无申请购买费用但有服务费用，适合短期债券投资者。

综上所述，只要投资者合理地掌握以上 3 点要素，相信可以规避风险，投资适合自己的债券项目。

例如，王女士通过售卖多余的房产而获得了一笔资金，她认为与其放在银行中赚取微薄的利息，还不如进行合理的投资。但是基于王女士的文化水平不算高，对于投资理财不是很了解，因此选择了债券这种投资方式。

她来到证券公司，根据相关人员的基本提示，注册了债券账户。接着她又对目前市场上贩售的债券进行了询问，在专业人士的指导下，结合自身的资金条件，选择了一款形式较为保守、利率相对合理的债券，在一定程度上规避了风险。

从上述案例可以看出，投资者在自身条件允许的情况下，选择了低风险、利率合理的债券，相信即使债券没能为投资者赚取大量收益，却能保障投资者的本金，而且它的收益也是高于银行储蓄的。

第6章

外汇投资：钱生钱的赚钱方式

外汇投资是各类投资中比较安全的投资行为，越来越多的投资者愿意采取这种方式进行投资。本章将为各位投资者讲解分析外汇投资这种投资方式。

6.1 外汇投资的基本常识

众所周知，外汇投资的价值在于汇率，而影响汇率的因素有很多。它具有 24 小时持续交易、透明度高、流动性强等特点。

本节将为各位投资者介绍简单的外汇投资方式。

6.1.1 个人如何投资外汇

随着人民生活水平的不断提高，越来越多的人士选择将资本进行投资理财，而经济全球化模式的不断加剧，使外汇投资这种方式也越加被投资者看重。怎样才能做好外汇投资，怎样进行个人外汇投资，成为大家所关注的问题，本节将从两个方面进行讲解。

1. 开户交易

（1）选择投资平台

目前投资外汇所使用的平台有很多，它们之间的点差不尽相同，有相对固定的，也有相对变动的。投资者要根据自身的需要选择适合自己的投资平台。例如，从四大国有银行中选择交易平台。

（2）购买外汇操作流程

投资者可先下载“某银行 APP”，打开软件，注册或登录账号，选择首页的“投资理财”。在投资理财界面找到“结售汇”，结售汇界面会展示出人民币与其他国家或地区的汇率情况，投资者可在此进行投资操作。操作之后会有交易提示，选择确定，首次操作还有申请书需要阅读。

下一步是选择购买外汇的账户，并显示余额。到达购汇界面时，投资者需要填写很多内容，其中需要谨慎填写资金用途，选择“储蓄存款”“投资于 B 股之外的外汇理财”等。点击确认后便能成功进行外汇交易。

（3）外汇结汇

打开软件，选择“投资理财”——“结售汇”界面，选择外币结汇，选择需要交易的账户，输入结汇金额，选择一个资金用途，点击确认，则交易完成。

（4）注意事项

选择的平台需要有监管，最好是由政府或者多国监管，否则可能是黑平台，影响资金安全。交易成本尽量要低，要在合理范围之内，代理商不加佣金为最好。平台具有稳定性，对于市场行情反应要及时，不能出现滑点。平台服务功能好，开户流程简单，资金出入便捷。

2. 操盘策略

操盘是投资者在投资市场中获得收益的核心价值，而实际操作中，很多投资者都是凭借感觉在操盘，并没有了解操盘的技巧。而真正的高手都是运用策略在进行操盘，其中主要的策略有以下 5 点。

（1）趋势突破

它的成功概率不高，但会放大订单的盈利。

（2）对冲加码

这种方式需要投入大量资金，以对抗市场行情，但当出现拐点时，风险较为严重。

（3）网格锁仓

在盘整状态下，它的盈利模式非常良好，一旦陷入单边趋势，风险较大。

（4）剥头皮

它具有成功率高、成本低、交易频繁的特点。但需要严格止损，并且盈利有限。

（5）周期共振

它的成功率一般，盈利不太稳定，资金起伏变化较大。

以上这些都是比较专业的投资方法，需要投资者进行深入研究理解，对市场做出正确的判断时使用。外汇操盘是个比较广泛的话题，需要投资者不断学习与研究。

综上所述，掌握好开户流程、注意事项以及操盘方法，对于投资者选择个人投资方式有着深远意义。

6.1.2 外汇投资的买卖技巧

虽然外汇相比于其他的投资方式来说比较安全，但是想从中获得收益也是需要一定技巧的。其实，它本身也没有那么复杂，只要掌握4大技巧，就能很好地掌控其趋势，创造出成绩，如图6-1所示。

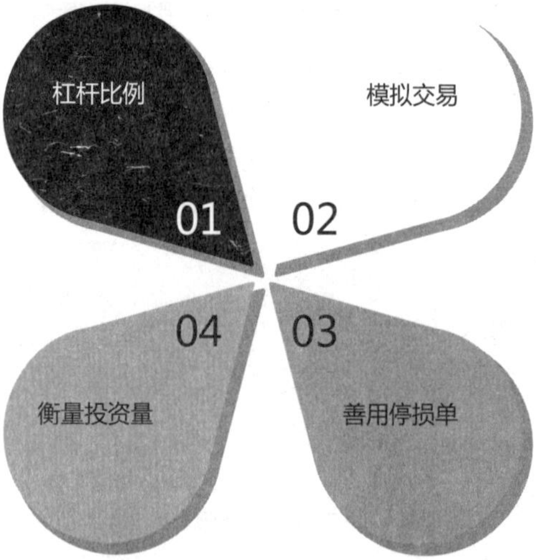

图6-1 外汇投资的技巧

1. 杠杆比例

在投资市场中，由于杠杆比例造成的盈亏案例比比皆是，投资者在投资之前要做好功课，了解什么是外汇，什么是汇率，合适的杠杆比例又是什么样子，这样才能获得好收益。

投资者可以选择持续低杠杆比例，也可以不断变换杠杆比例来止损，可以达到保护资金的目的。

选择合适的杠杆比例，不但考验投资者的知识与经验，还考验投资者承受风险的能力。只有拥有丰富的阅历和足够的能力，才能更好地进行外汇交易。

2. 模拟交易

很多投资者选择外汇投资比较急于开立外汇账户，和其他人一起进行外汇交易，这是不正确的。投资者选择外汇投资，目的是获取收益，这是一个循序渐进的过程。投资者不要盲目和他人攀比，也不要急于开设外汇账户。

每位投资者都应该有一个学习积累的过程，投资者若要形成自己的操作策略和体系，就需要加强学习与训练，这时模拟交易就非常有效。投资者通过模拟交易锻炼自己能够稳定获得收益时，便可开设外汇账户进行真实交易。

3. 善用停损单

投资者进行投资时，需要谨慎，不能仅仅依靠运气，更不能自以为是，毕竟外汇投资依旧属于投机行为，存在一定风险。面对复杂的外汇投资市场，投资者需要时刻关注其变化，适时调整操作策略，规避风险。

这时，投资者应该善用停损单来进行投资止损，不要找任何借口等待行情回转，不做止损。必要的时刻需要立即平仓，努力扭转局势。

4. 衡量投资量

投资者在进行外汇投资时，需要先进行投资量的衡量，不能让风险超越原定范围，因此不能过度使用外汇投资量。

投资者在投资之前要先做好投资计划，设定投资量金额，明确风险承受范围，并在操作时严格执行。

外汇投资虽然相对安全，实则存在风险；虽然看似复杂，实则存在技巧。投资者需要在前期虚心、耐心地学习知识与经验，这样在后期才能游刃有余地规避风险、进行投资。

6.2 外汇操作方法

外汇是各种投资方式中的一种，其操作方法看似复杂，实则有一定规律可循。投资者首先需要找到适合自身的平台，其次是运用技巧实现投资获利，最后规避风险，赢得收益。

6.2.1 外汇套利操作的方法

随着国内外汇市场的不断发展，越来越多的投资者开始关注外汇套利操作。其定义是指利用外汇汇率的不断变动而产生的差额赚取盈利。

在目前的投资市场中，外汇套利主要是指套息交易，它主要是指利用外币币种之间的利率差赚取利息，也就是买入高利率的币种，卖出低利率的币种，由此获得隔夜收益。其中，经常被买进的高利率币种为澳元与欧元，而被卖出的低利率币种是日元与美元。

由于平台杠杆的存在，利差可能根据时间不同，存在很大的变动。而且每个平台的隔夜利息不同，这些是由资金量来决定的。因此，投资者需要谨慎选择，不能逆势而行，造成大量损失。

市场上真正的外汇套利是由银行来进行的，因为这对于外汇套利的专业知识以及投资资金的需求量较高，因此，由银行负责统筹兼顾最为妥当。

而银行多用“掉期”的手法来进行外汇套利。也就是银行在投资市场上买进一种币种的即期外汇，又卖出同一币种的远期外汇，在同一笔交易中将即期与远期相结合的手法。

例如利用原油。全球范围内，原油需求庞大，因此报价中心甚多，以美国原油和布伦特原油为例，两者之间的报价差额在 2 美元左右。当一个做多、一个做空时，利用仓位管理进行合理交易，只要控制好峰值的统计，便能获得盈利。

在信息发达的当今社会，任何套利空间都会由银行系统所识别，随后由于各种套利交易，套利空间会被压缩，进而价格恢复正常。外汇套利交易存在风险，但只要把握住风险，选择投资也是值得的。

6.2.2 规避炒汇风险的方法

外汇投资属于投机方式的一种，因此投资者需要规避投资风险，争取最大程度上的获利，而规避风险的办法涉及 5 个方面的内容，如图 6-2 所示。

图 6-2　规避炒汇风险的方法

1. 计价货币的选择

外汇风险和计价货币的选择息息相关，由于收付币种的不同，外汇风险也不尽相同。从理论上来说，运用硬货币来出口收汇，运用软货币来进口付汇，这样承受的风险相对较小。

2. 避免逆势交易

很多投资者喜欢在汇率大跌时，抢占反弹先机，赚取利润。因此，很多投资者就这样被套住无法脱身。其实在实际运作过程中，大跌会持续一段时间，不会很快反弹。因此投资者需要保持良好的心态，等待跌停之后再进行交易也来得及。要避免判断失误，成为逆势交易，损失惨重。

3. 设置止损

投资者在进行外汇投资之前，需要制订投资计划，规定投资数额、投资量、风险承受的范围，并在实际操作中根据计划执行。切忌盲目自信，在操作过程中冒进，或者因为怕亏损成真，不敢设置止损，却导致亏损会越来越严重。

4. 避免频繁交易

很多投资者一天天地盯着市场汇率，从早到晚频繁交易，生怕错过了赚取利润的机会。结果导致，上午刚赚了钱，下午又赔进去了。这种方式不可取。

投资者应该适度交易，并且留出时间研究学习，分析行情，判断方向，这样才能有利于下一次的交易成功。

5. 良好的投资心态

投资者选择任何方式的投资，都离不开良好的投资心态。在进行投资之前需要通过学习知识、训练能力，来更好地认识市场。而在投资过程中，切忌贪婪与恐惧，贪婪会让投资者从盈利变为亏损，而恐惧会让投资者发挥失常，屡屡出错。

急切获利的情绪也是投资者需要避免的，投资时需要耐心，看清形势，稳健投资，利润自然会流向己方。

综上所述，投资者在投资外汇时，可以根据以上 5 点内容，规避风险的降临。但是值得投资者注意的是，不但要做好投资前的学习与训练，投资中的稳健与止损、投资后的放弃一切也很重要。

6.2.3 外汇交易平台如何选择

投资者选择外汇投资这种投资方式进行理财，首先要找到安全适合的投资平台。如何选择优质的外汇交易平台便成为各位投资者需要研究的问题，在这里为投资者提供 4 点建议。

1. 监管力度

投资者选择外汇交易平台，首先需要考虑其监管力度，这样投资者投资的资金才能有最基本的保障。投资者可以通过百度搜索“外汇监管查询”来查询某平台的监管体系是否具有真实性、有效性和权威性。

2. 口碑实力

在互联网时代，任何信息都能通过网络来查询，投资者可以在选择投资平台之前，先行查看它的口碑如何。虽然网上的评论存在一定的其他问题，并不能全面反映平台的质量，但是在一定程度上还是具有参考价值的。

平台的实力，投资者也可以通过百度来查询各大外汇平台的排名，选择靠前的名次进行投资。

3. 资金出入

选择平台的一大关键点就是资金的出入是否自由，某些黑平台会对投资者的资金出入有过多限制，尤其在大量盈利之后，投资者的资金将无法正常出入。这种平台坚决不能选择。

4. 平台服务

优质的平台服务会实时更新新闻信息，预警与提示配备风险，提供分析师的专业建议，如遇其他问题，客服电话时时畅通无阻。

综上所述，投资者选择交易平台的时候，需要事先做好深入调查，规避平台带来的风险，让平台的机制为外汇投资增添助力。

付女士在卖掉房产后，获得了部分资金，她为了能让这些资金增值，选择了购买外汇进行投资。为了能顺利获得收益，她选择了受国家严格监督的权威投资平台。

该平台透明度高，资金的流入与流出相对宽松，不会对投资者多加限制，而且服务态度良好，会有专业人士为付女士提供建议，非常有利于付女士的外汇投资。最终，付女士在轻松的状态下获得了相对较高的利润。

由此可见，外汇交易平台的选择至关重要，选择对的交易平台有利于投资者顺利获得投资收益，而且投资体验良好，也能促进下次投资。目前，比较知名的外汇交易平台包括福汇、盈透、杜高斯贝、瑞讯、安达、嘉盛等，在操作时可以根据实际情况进行选择。

第 7 章

股票投资：投资的重要渠道

很多投资者在积累了一定财富后会选择再度投资的方式进行财富的升值，而他们也越来越看重股票投资这种高风险、高收益的投资方式。

购入上市公司的股票，投资者就成为这家企业的股东，其权益体现在对利润和资产的分配上。投资者选择这种方式进行投资，需要先了解股票投资的思维方式与投资技巧。本章将为各位投资者介绍分析股票投资的奥秘。

7.1 股票投资思维方式

投资者如果想从股票投资这种方式中赚取利润，首先需要拥有股票投资的思维方式。股票投资和基金、债券、保险等，虽同为投资理财，但是它们的性质和差异还是比较大的。

投资者要明确了解股票投资的方式方法与运作技巧，将自己当成股票业内人士，培养投资思维方式，相信会为自己带来更大的收益。

7.1.1 股票投资的正确思维方式

投资者在证券市场进行投资时需要明确市场风险，正视风险的结果，规避风险。为了更好地将投资风险掌控在一定范围内，投资者需要做好以下 5 项事宜，如图 7-1 所示。

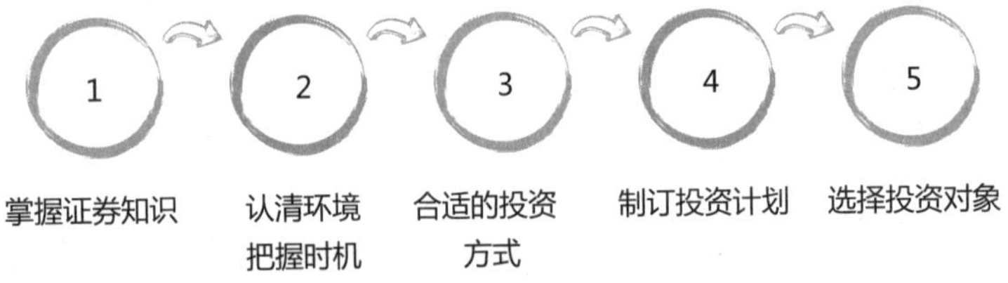

图 7-1　投资风险的掌控

1. 掌握证券知识

证券市场的变化十分不易把握，投资者在进行投资前，需要了解相关知识，认识到投资风险的具体情况。并且根据自身条件与心理承受能力，选择适合的投资方式进行风险投资。这样做不但可以规避风险，还能获得部分收益。

2. 认清环境把握时机

股市的升与降和经济、社会环境都有密切关系。经济越繁荣，政策越好，社会环境越稳定，股价上涨则越明显、越持久。反之，则股价下跌。

投资者在进行投资之前需要认清市场环境与行业方向，不要与大方向背道而驰，这样能保障资本的正常运营。

3. 合适的投资方式

投资者应该根据自身的经济条件与心理承受能力，选择满足需求的股票类型。以红利为目的的投资者可以采取长期投资的方式；没有时间关注投资，但是有资本与经验，希望进行投资的投资者可以选择中期投资方式；有投资时间与丰富经验的投资者可以选择短期投资方式。

4. 制订投资计划

在风云变幻的金融市场中，投资者不应该将注意力仅仅集中在股价的涨跌，而应该更加注重于各类投资消息的收集，并根据消息与自身情况，进行投资计划的制订。

这样不但可以保障投资的正确性，也可以分散与规避风险。

在进行具体投资操作时，投资者可以将资金分为三次进行投资——第一次用于先锋投资，第二次用于筹码投资，第三次用于补充投资。

5. 选择投资对象

投资对象的选择也是投资者在进行投资之前需要考虑的重点问题。投资对象的正确性，可以帮助投资者对于资产进行增值与保值。

如何选择正确的投资对象，这取决于当时的经济、政治和社会环境，还要考虑投资者的自身条件与心理承受能力。因此，投资者需要在投资前，先行了解投资市场的环境，选择正确的行业投资方向进行投资。

综上所述，投资者在进行股票投资时，需要了解投资知识，正确认识风险，根据市场环境与自身情况进行风险投资，这样不但可以更好地掌握股票风险，还能实现资产的增值与保值。

7.1.2 股票投资的分析方法

投资股票有了正确的理念指导，方法也就很容易找出来。具体的股票投资分析方法有以下 4 点。

1. 买股、选股时要做到：手中有股，心中无股

投资者购买股票不应局限于自选股，还应考虑整个市场特点选择的热点强股。根据大盘的强弱、板块热点等情况判断是否购买，没有持续性的股票，即使涨停也不要买入。

2. 关于赔钱的交易分析

买入高分红的大蓝筹股票通常不会亏损。即便暂时被套，经过短时间的反抽反包，投资者也能平稳出局。

3. 跟随

投资者只有看到明确的买入信号才买入，或在启动点果断买入方是正确的。因为敢于预判的资金有引导能力，在预判偏离预期时，可以进行修正，所以在股市中的操作，就要关注资金流向，跟随市场资金一般不会犯大错。

4. 在新题材出现的第一时间内买入龙头或龙二

投资者要打有溢价的板购进增强股。在新题材第一天出现时，投资者应第一时间买入龙头或者龙二较为安全；第二天出现高开势头，龙头甚至一字板涨停，溢价是最高的，并不是溢价兑现的板，板块高潮第二天买跟风股，就属于第一天涨停的溢价兑现。

掌握了这 4 种基础的买卖策略分析方法之后，便可以先尝试性地体验股票投资了。

7.1.3 以财务报表为参考依据

事实证实，财务报表对企业发展起着至关重要的作用，也是股票投资者的必备工具。

企业财务报表主要包括资产负债表、利润表以及现金流量表。资产负债表的作用是反映企业某一时间的财务状况。利润表的作用是反映企业某一时期的利润分配情况，将期初未分配利润调整为期末未分配利润，并列入资产负债表。现金流量表的作用是反映企业现金变化的结果和财务状况变化的原因。

要想看懂企业的财务报表，就必须分别对这 3 张表进行了解分析。

资产负债表主要记录了公司某一特定时间（月末、季度末或年末）的全部资产、负债和所有者权益情况。资产负债表遵循的基本结构是“资产 = 负债 + 所有者权益”。不论公司发生何种变化，这个资产平衡式是永远成立的。公式左边代表公司当前所拥有的资源；公式右边代表的是公司的不同权利人对这些资源的要求。

公司的债权人享有对公司全部资源的要求权，公司以全部资产为担保，对不同债权人承担偿付责任。公司的资产净值就是在偿付完全的负债之后，剩余的所有者权益。

通过了解分析资产负债表的资料，可以清楚地看出一个公司资产的分布状态、负债和所有者权益的构成情况。而资产负债表也是评价一个公司资金营运与财务结构是否正常合理、公司的变现、偿债、承担风险和获利能力高低的重要根据。

资产负债表主要包括以下 4 个资产要素，如图 7-2 所示。

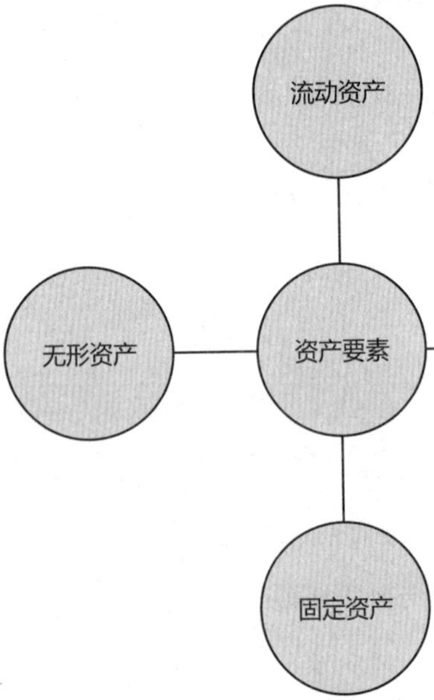

图 7-2　资产负债表主要包括的资产要素

1. 流动资产

公司的流动资产包括现金、各种存款、短期投资、各种应收应付款项、存货等。如果公司当前的流动资产比往年有所增长，证明该公司的支付能力与变现能力提高了。

2. 长期投资

长期投资主要是指 1 年期以上的投资，主要包括公司控股、实施多元化经营等。如果公司相对增加了长期投资，那么该公司的成长前景应该是良好的。

3. 固定资产

固定资产一般是指那些具有实物形态的资产。资产负债表中列出的各项固定资产数字只能表示在公司持续经营的条件下，各项固定资产还没有折旧、损耗的金额并且假设公司会在将来陆续收回。

因此，折旧、损耗等相关项是否合理直接影响到资产负债表、利润表和其他相关报表的准确性。应当注意的是，折旧提得越少，当期的利润就会越高，而折旧提的越多，当期利润就会越低，某些企业可能会在此处埋下伏笔。

4. 无形资产

无形资产主要包括商标权、著作权、土地使用权、非专利技术、商誉、专利权等。一般来说，商誉和其他不确指的无形资产不会出现在资产负债表上，除非商誉是公司在合并或者购入的时候形成的。

最后是股东权益分析，股东权益分析包括股本、资本公积、盈余公积和未分配利润等 4 个方面。分析股东权益的主要目的是了解股东权益中各类资本投入的不同形态、股权结构以及各要素的优先清偿顺序等。看资产负债表时，最好与利润表结合起来看。

利润表的编制依据是“收入 - 费用 = 利润”。利润表主要反映了公司在一定时期内营业收入减去营业支出之后的净收益。利润表是评估上市公司的经营业绩、管理的成功程度以及投资价值和报酬的重要依据。

分析利润表时，首先要分析收入项目。公司通过销售产品、提供劳务获得各项营业收入，也可以将资源提供给他人，从这个过程中获取租金与利息等营业外收入。收入的增加，则意味着公司资产的增加或负债的减少。收入项目记录的包括当期收讫的现金收入，应收票据或应收账款，相关数据应当以实际收到的金额或账面价值为依据。

其次，要分析费用项目。费用是扣除的收入。确认费用、保证费用扣除正确是公司盈利的前提。因此，分析费用项目时，首先要看费用包含的内容是否正确。确认费用需要贯彻三项基本原则，即权责发生制原则、历史成本原则、划分收益性支出与资本性支出的原则等。然后，分析成本费用的结构与变动趋势。费用结构是指各项费用占营业收入百分比，费用结构应当合理适当。各项费用的增减变动趋势直接反映了公司的管理水平和财务状况。

看利润表时，最好与公司的财务情况说明书结合起来。说明书中的内容包括公司的生产经营状况、利润实现和分配情况、应收账款和存货周转情况、各项资产变动情况、税务情况，和对下一阶段影响公司财务状况的事项预测等。财务情况说明书是财务分析中了解、评价公司财务状况的详细资料。

现金流量表中的信息都是公司现金流入与流出的信息。现金流量表所指的现金不仅仅是公司财务部门里的现钞，还包括银行存款、短期证券投资、其他货币资金等。现金流量表中所记录的公司经营活动、投资活动、筹资活动所产生的现金收支活动，以及现金流量净增加额是我们分析公司的变现能力和支付能力的重要依据。通过现金流量表的分析，我们能够把握公司的生存能力、发展能力和适应市场变化的能力。现金流量共有以下 5 个来源，如图 7-3 所示。

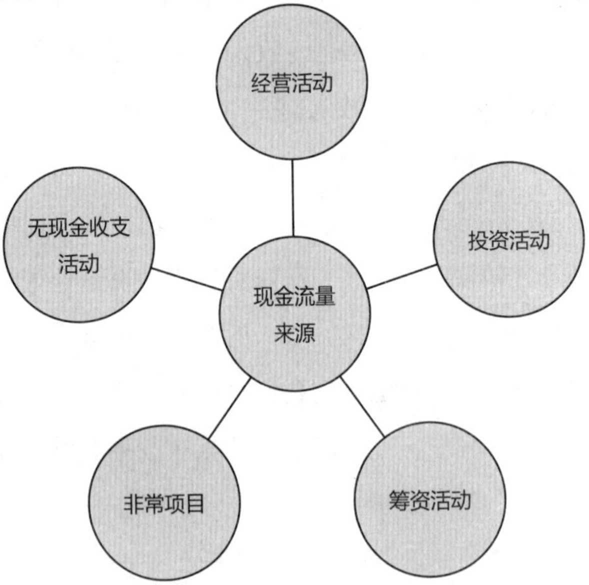

图 7-3 现金流量的来源

1. 经营活动

来自经营活动的现金流量是指公司为开展正常业务而引起的现金流入量、流出量和净流量，比如产品销售收入、出口退税等增加的现金流入量，购买加工原料、支付税款和人员工资增加的现金流出量等。

2. 投资活动

来自投资活动的现金流量是指公司取得和处置证券投资、固定资产和无形资产等活动所引起的现金收支活动及结果，如变卖厂房取得现金收入，购入股票和债券等对外投资造成的现金流出等。

3. 筹资活动

来自筹资活动的现金流量是指公司在筹集资金过程中所引起的现金收支活动及结果，如吸收股本、分配股利、发行债券、取得和归还借款等。

4. 非常项目

非常项目产生的现金流量是指通过非正常经济活动所引起的现金流量，如接受捐赠或捐赠他人、罚款现金收支等。

5. 无现金收支活动

无现金收支活动是指不涉及现金收支的投资与筹资活动，这类信息对投资者非常重要。虽然这些活动并不会引起当前的现金收支，但对公司未来的现金流量会产生重大影响。这类活动一般记录在补充资料一栏里，比如以对外投资偿还债务、以固定资产对外投资等。现金流量表主要从 3 个方面进行分析。一是分析公司的现金净流量。如果公司当前的现金净流量增加，说明公司的短期偿债能力较好，财务状况良好；反之，则表明公司财务困难。如果公司当前的现金净流量过大，说明公司没有有效利用这部分资金，造成资源浪费。

二是分析公司现金流入量的结构。公司的主营业务是经营活动，经营活动是公司获得现金流量的主要手段。经营活动形成的现金流量越多，证明公司发展越稳定。公司的投资活动与筹资活动都是服务于经营活动的，这两种活动所发生的现金流量过大证明该公司财务的稳定性较差。

三是公司的投资活动与筹资活动产生的现金流量。分析公司的投资活动时，应注意公司是对内投资还是对外投资。

如果对内投资的现金流出量增加，证明公司的固定资产以及无形资产正在增加，这样的公司正在扩张，成长性较好；如果对内投资的现金流入量大幅增加，证明公司的经营活动没有充分利用现有的资金，资金的利用效率需要提高。对外投资的现金流入量大幅增加，意味着公司现有的资金不能满足经营需要，故从外部引入了资金；如果对外投资的现金流出量大幅增加，说明公司正致力于通过非主营业务活动来获取利润。

7.2 像专业人士一样看盘

著名投资家杰西·利弗莫尔曾说过：“人们认为股票投资获利的方法只是简单的技巧，没有将股票投资视为一门像医学或是法学这样依靠不断地积累知识和学习，才能掌握的挣钱手段。”

虽然很多投资者认为股票投资就是在简单快捷的“一买一卖”中获利而已。然而，股票投资需要投资者在买卖之前，将所选中的目标进行研究与思考，对于价位、市场、心理承受能力进行分析判断。投资者要想进入股票市场，需要对自己的投资能力予以重视，敬畏市场与内心。

7.2.1 如何正确把握股票市场的价格波动

那么，投资者怎样才能提升自己的投资能力？怎样把握住股票市场价格变动带来的影响呢？

首先，投资者需要认清自己，对自己的财富、性格、心理承受能力等有所了解，从而根据自身条件学习相应的投资知识，选择适合自己的投资方式。在此基础上，还应该考虑 3 个方面的因素。

1. 了解市场

股票投资市场无论在哪个国家都是风云变幻的存在，投资者选择股票市场进行投资，首先就是需要了解所要投资的股票项目。其中包括国家的政策、经济条件、人口文化、法律军事因素等。

例如，某国近期出台某项政策是对某种产品进行抵制或者减少进口与出口的，那么这项产品的股价一定会有所变化，这是不可避免的影响因素。

投资者应该认清这些对于股票价格产生变动的影响因素，尽量避免这些因素对于自己投资项目的影响。

2. 交易适当

某些上市企业的股票价格一直处于不断波动的状态，而拥有此类股票的投资者过分在意它的波动状态，选择不停地买入与卖出，希望在多次交易中赚取差异值，却往往事与愿违。

例如，谭女士将自己的资金交于某资金机构进行股票投资，这家资金机构的经理人是位稳健的投资者，不甚在意股票的持续波动，最终为谭女士赚取了丰厚的投资利润。

而后，谭女士的朋友陈先生也来找这位经理人进行股票投资，然而陈先生过分在意股票的波动状态，不听经理人的指挥，一再进行交易操控，希望在上涨阶段时多赚点，看见股票下跌又快速卖出。最终，多次交易后，陈先生不但没赚到钱，还赔了不少。

由此可见，过于频繁的买卖不但不能赚取丰厚利润，而且还会给投资人造成损失。

3. 注意止损单

止损单是指当股票价位上涨或者下降到一定情况的时候，将触发止损单，进行自动买入与卖出。止损单可以保障投资者在市场中的基本利益，减少损失，降低风险，所以投资者在进行股票投资时应该配合止损单进行交易操作。

例如某位投资者杜女士，由于刚进入股票投资市场，虽然理论知识学习得很充足，但缺乏实践经验，因此对于自己的投资判断与交易能力不是很自信，经专业人士进行建议，在每次投资股票项目时都运用止损单。

王女士将自己的现实承受能力与心理承受预估相结合，在听取投资经理人的意见后设置了止损单。后来的多次股票投资活动中，虽有股价不断波动，但是王女士都能顺利进行交易，赚钱的时候有收益保障，赔钱的时候也有止损意识，两者相结合，便让自己处于稳赚不赔的状态。

或许在风变幻的股市中获得利润有运气的成分在，但是王女士遵守纪律，设置止损单保证成交也是一种规避风险的良好行为操作。

投资者只要能合理地运用以上 3 点方法，就能对于股票投资的价格变动有所保障，即使不能获得丰厚利润，也能保障本金的安全，起码不会落得血本无归。

但是值得注意的是，投资者还是需要以平和的心态去面对股票投资，不能过于在意得失或者选择不符合自身条件的股票投资项目，否则由此造成的损失往往是无法挽回的。

7.2.2 如何确定进出市场的关键点位

很多投资者在选择进入股票投资市场时都选择看巴菲特讲过什么，听彼得·林奇说了什么。巴菲特和彼得·林奇是基金的管理者，他们追求的是长期、稳健的收益，他们管理的是上亿的资产投资。

投资者可以学习他们的投资智慧，但是需要忘记操作细节，这些技巧并不适合普通投资者的投资目标与需求。投资者需要学习他们的投资智慧，来保证近几个月或者一年左右的投资收益，而不是适合他们亿万资产的投资手段。

投资者在确定自己的定位后，就要考虑进入股市时适合的出入点，也是关键点。这和投资者的选择有很大关系。

以中国的股市为例，沪市和深市是两大股市交易所，两个股票交易市场的频率基本相同，但是随着中小板和创业板的不断涌入，两者也出现了不同的地方。投资者如果选择进入这两个交易所，需要知道沪市多为央企和国有企业，他们受宏观政策的影响很深，但是深市中多为民企，他们受行业市场发展因素影响颇深。

这些因素都会成为造成股价的不断变动，投资者需要找到波动中的契机选择进入。寻找这个契机需要的是预判能力，投资者投资股票市场最终的收益方式一定是“低买高卖”。而这种预判能力体现在预判买入时价位够不够低，过段时间股票价格会不会上涨。预判的正确率是投资者收益的保障。而很多时候预判是建立在股票过去的走势情况方面。下面为投资者提供 2 种预判进出市场契机的方法。

1. 顺势操作

顺势操作多指金叉死叉战法，如图 7-4 所示。

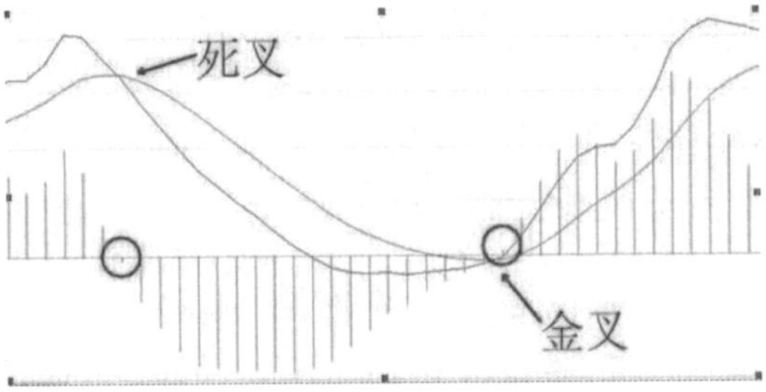

图 7-4　金叉死叉战法

如上图所示，金叉代表买入股票的信号，柱体由绿色变为红色，由空头转为多头；死叉代表卖出股票的信号，柱体由红色变为绿色，由多头变为空头。

当出现红色柱体一顶比一顶低，形成 M 头时，表明整体上涨趋势停止，进入下跌状态，股票应当卖出；当出现绿柱一底比一底高形成 W 头时，表明整体下降趋势停止，进入上涨状态，股票应当买入。

2. 逆势操作

逆势操作多指顶底背离法。

顶背离是指股价在不断增加，但是红柱的顶峰趋势在不断下降，这表明股票价格将在高位进行翻转，也就是股票价格下降的信号，投资者需要将股票卖出。

底背离是指股票价格在持续下跌，但是绿柱的顶峰走势在不断升高，这表明股票价格将在低位进行反弹，也就是股票价格上升的信号，投资者需要将股票买入。

在实际股市中，并不能确定背离的状况什么时候会出现，它的时间有多长，频率有多快，但是可以肯定的是，顶背离次数少于底背离次数，而且背离程度越重，时间越久，反转的可能性越高。

以上这两种方法统称为 MACD，广大新老投资者对于这种方法也十分关注且经常使用。

例如，张三是一位拥有 2 亿元本金的投资者，最近比较看好一支价值 4 亿元左右的股票。这只股票现有价位为 20 元每股，贾先生不断买入这只股票直至花光 2 亿元。他运用不同的手段拉升股价至 40 元每股，看似获得了盈利，但那只是账面盈利，若想获得实际盈利需要卖出股票获得现金收益。

贾先生为了获得现金收益开始逐渐卖出股票，为了保障不出现股票整体下跌的趋势，卖出的时间过程需要持久，同时运用某些因素吸引其他投资者不断买入股票。这时股票的整体走势呈现出一种持续高位震荡的状态，而当贾先生将股票全部卖出之后，不再有人可以维持它，这只股票就出现了显著下降的走势。

而那些高位买入股票的投资者发现股票不再上涨而是开始下跌，顿时对这只股票十分失望，选择卖出，由于没有人托盘，股票下降趋势越来越严重。其他股民闻风开始踩踏式卖出股票，股票便出现断崖式持续下跌。

这个案例可以看出，A 股的被操控性很强，因此一旦出现某日或者某周都出现顶背离状态，投资者一定不要再观望或者试探，要尽快卖出手中股票，避免风险，将损失降到最低。

MACD 的两种投资预判方式可以很好地帮助投资者确定进入股票投资市场的关键点，在股票上涨时为投资者带来收益，在股票下跌时为投资者止损。保障投资者股票投资的利益。

7.2.3 利弗莫尔市场操盘法则

在风险较高的投资市场里，股票投资市场的风险最大，有些人可能一夜暴富，有些人可能倾家荡产。但是，时至今时今日，纽约的证券市场交易大厅里依旧人声鼎沸，前来交易的人士络绎不绝。可见，人们对于财富的追求的兴致从未泯灭，而且日渐增长。

著名投资家杰西·利弗莫尔的名声享誉全球，他曾是纽约华尔街投资界的神奇人物。从 14 岁开始接触股票，他的天赋让他在股票市场如鱼得水。他曾经在 1929 年大盘崩后，做空获利 1 亿美元，从此声名鹊起。他利用 40 年不断研究并实践股票交易，最终创立了一套“利弗莫尔市场操作法则”。

投资者选择股票投资的方式进行投资，可以参考利弗莫尔市场操作法则来进行实际操作，相信对于投资者的投资与收益会有很大帮助，下面来具体介绍分析一下利弗莫尔市场操作法则与方法。

首先，利弗莫尔认为股票投资是一项严肃的挑战，投资者需要认真地研习。股票投资要从市场的角度进行分析判断，预测大众的心理反应。可能各种意见和建议会出现偏差，但是市场形势反映的股票走势是不会出错的。投资者根据市场形势购买的股票，如果处于上涨阶段，则不需要尽快实现收益，可以让利润在股市中继续奔跑，创造更高的价值。

其次，利弗莫尔认为一年中只有那么几次机会是最佳的投资盈利时机，投资者不应该选择日日投机，不放过每一个交易日，这种方式是十分不可取的。投资者全神贯注地关注每一场交易，容易错失重要规模的股票市场交易。投资者还是要谨慎研究交易行情，弄清楚股票价格变动的要素。真正有价值的行情走势是会持续一段时间的，而不是转瞬即逝的，投资者不用过于着急投入股市。

再次，利弗莫尔不希望投资者运用股海战术进行投资，因为并不是手中握有的股票越多收益就会越高，股票是有风险的，将所有资金投入股市很可能血本无归。他希望投资者每次做到关注行情最突出、最重要的那几支股票即可。运用市场给出的信号，结合时间要素进行投资，能更好地规避风险，获得收益。

最后，利弗莫尔告诫投资者应该将每一次成功平仓之后的交易所得积累起来，这种积累主要指两个方面，一方面是资本的积累，投资者应该将收益拿出一部分存储起来，成为积蓄，这样能够保障无论交易的成功与失败，投资者都能够很好地生活下去；另一方面是指经验的积累，每一次股票交易都是一场实战，投资者无论是成功的喜悦还是失败的教训，都应该予以记录和反思，这样才能更好地总结教训，更好地投入下一次交易。

其实股票投资市场的花样并不多，股票的波动都是重复进行的，虽然每个行业的具体情况略有不同，但是它们的价格形态是相通的。利弗莫尔市场分析法就是建立在其需要的基础上。

利弗莫尔早期对于价格震荡比较敏感，但当进行价格记录之后，他发现在一定时间周期内，抹去一些微小不规则的股价波动，便形成了价格形态。后期经过多番持续关注与验证，他认识到对股票行情的变化来说，时间因素至关重要，合理地把握股市行情时间性周期变动规律，能够更好地进行投资，获得收益。

下面来介绍一下利弗莫尔市场分析方法。

投资者需要准备一张表格纸，根据需要将每只股票占 6 列，股票的价格按照“次级回升、自然回升、上升趋势、下降趋势、自然回撤、次级回撤”的顺序占领每只股票的每一列，如表 7-1 所示。

表 7-1　利弗莫尔市场分析表格

股票名称	次级回升	自然回升	上升趋势	下降趋势	自然回撤	次级回撤
股票 1						
股票 2						
股票 3						
股票 4						
股票 5						

运用这样的方式进行分析，可以显示信息量，让投资者看到准确的股票行情与趋势，会给投资者留下深刻的印象。美妙的数据会与投资者建立连接。

利弗莫尔并不是把单只股票看成整体股票行业的走势，它是将不同股票结合在一起，判断它们的运动状态，这样做更有保障。他曾反复强调他的市场分析方法是针对股票大市场的运动，意义深远。

很多投资者可能没有涉足过海外股市市场，所以对于这种投资方式多少有些顾虑，对自己也多有不自信，但其实有很多经典书籍和金融课程为投资者指引道路，投资者可以学习其中的原则和经验。然后根据所学进行尝试性投资，投资的开始多少都要进行试错尝试，有了实践经验，才能更好地进行投资。

投资者根据利弗莫尔的市场操盘法则进行股票投资，并且立足于行业市场的实际情况，结合大众投资心理预测，相信一定能够在海外投资市场中获得可观的收益。但是，最后还是要提醒投资者一句："股市有风险，入市需谨慎。"

7.2.4 如何跟随领涨股

领涨股是指每类投资股票的权重股，它们代表着行业龙头的地位。无论是行业的发展还是股票的走势都是以权重股的状况为参考依据进行的。例如，在房地产行业中，万科算是权重股；在煤炭行业中，神华是权重股；在石油行业中，中国石化是权重股。它们的经营与发展影响着行业股票的上涨与下跌。

很多投资者经常将领涨股和指标股混在一起，但其实两者并不相同。在大盘上涨的时候领涨股可能是指标股，然而并不代表它一直会是指标股。在国内，指标股多指国家宏观政策控制的股票，如中国石油、中国银行等。

很多投资者在进行短线投资的时候，都会出现一致性操作太强这个问题。也就是面临集体涨停，开启便进入高潮等状态。这些问题致使投资者总是处于失去先机，受制于人的境地。

那么，投资者应该怎样解决这样的难题？怎样跟随领涨股，让自身不被股市或者其他对手吞噬呢？下面为投资者介绍分析解决问题的 5 个方法，如图 7-5 所示。

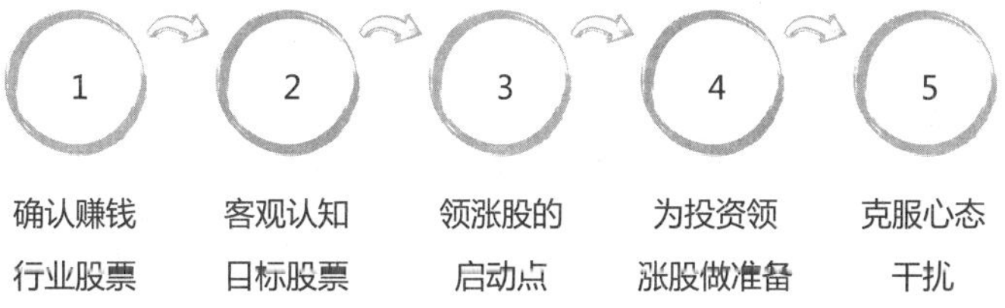

图 7-5　解决问题的方法

1. 确认赚钱行业股票

投资者选择购买股票之前要先搞清楚哪个行业的股票处于赚钱的模式，某些夕阳行业可能处于要退市的境地，投资者就不要再进行考虑。即使是夕阳行业的领涨股也是无法轻易避免其未来退市的风险，投资者还是要在稳中求胜，不要在高风险的股市市场中挑战风险。

2. 客观认知目标股票

投资者在购买股票之前，首先要进行目标股票的观察，判断其持续性。股票投资肯定是为了获得利润，投资者若想保障获利，就需要注重目标股票的高强度的赚钱效应。

不能保证持续性的、高强度的赚钱效应，目标股票即使在某天进入涨停状态，隔天也可能开始下跌。这不但会造成投资者的损失，而且会耽误投资者购买更有价值的股票。

3. 领涨股的启动点

投资者若想跟随领涨股投资股票，就需要买在其启动点，这个启动点发生在确认其股票走向发生分歧的时候，即由弱转强期。

投资者可以认定投资目标，选择只买领涨股，如果买不到领涨股就选择空仓，不要冒险也不要凑合。选择在领涨股启动点购入股票，是一种跟随市场主线的方式进行投资，这是最轻松、最安全的投资获利方式。

4. 为投资领涨股做准备

投资者要选择在未来阶段行业市场中形成热点的板块进行投资，对于这行业的领涨股进行长期观察与分析，注重其上市公司的经营状况、行业未来发展前景、股价波动频率等。还可以将几只股票放在一起比较，找到行业股票走势，摸透几只股票的特性更有助于投资者进行投资选择。

最终，投资者要选择最熟悉的股票进行投资，人们总是对于熟悉的事务得心应手，选择高度熟悉的领涨股进行投资，更能确保投资者的收益。

5. 克服心态干扰

很多投资者处于患得患失的状态，股票低位买入时犹豫不决，股票高位持续时担惊受怕，甚至没有勇气在领涨股的启动点快速入手，错失良机。

投资者要克服这种心态，首先要对所投资的股票的行业有所了解，其次选择合适的领涨股，果断进行购入。要知道领涨股早期走势最强，中期独立运作，末期立足于行业之上，它的人气是长期存在的，投资者投资领涨股，受益的是利润，交易的是人气。

以上 5 个方面是一个循序渐进的过程，帮助投资者更好地跟随领涨股进行股票投资。这里值得注意的是，投资者如果没能顺利地在启动点买到领涨股，也不要退而求其次去买跟风股，跟风股大多数如过山车一般忽高忽低，风险较高。投资者还是应该好好分析没能顺利购入的原因，以便进行下一轮的快速购入。

而且，有的投资者不只经营一只股票，每次购入新股票的时候需要做到“手中有股，心中无股”的状态。忘记前面自己购入的股票，端正心态，关注新股票的行业与市场变化。好好运用上述方法研究分析新股票，争取跟随市场潮流，在第一时间购入领涨股。

7.3 股票投资方法

根据投资者准备在股票投资市场中投资时间的长短与盈利方式的不同大致可以分为 3 种：短线投资法、中线投资法、长线投资法。

7.3.1 股票市场短线投资方法

投资者若能掌握大盘变动中的短线投资方法，那么，在未来股票行情变幻时亦能轻松应对。

当大盘持续下跌时，投资者应该参与到积极选股之中，这可以为未来大盘涨势时快速购买股票打下良好基础。当大盘相对稳定时，投资者需要再度审视拥有的股票，判断其涨幅尺度，以便随时应对突发情况。

投资者需要注意的是，投资短线股票需要关注其指标，时间分为 30 分钟和 60 分钟 2 种。购买股票短线投资，其买卖过程时间相对较短，想要将它做好，需要投资者付出精力好好研习。

7.3.2 股票市场中线投资方法

股票中线投资是个不错的投资方式，下面为大家介绍一下这种投资方法。

首先，需要了解选中股票的历史趋势，投资者要对选中股票所处的行业市场进行调查，了解其所处的市场大环境，在此基础上判断股票的未来走势，再进行投资。

其次，了解股票市场的小环境，这方面包括所投股票的企业发展状态、股民们的心态与行为等。当股票走势良好，未来发展前景可期，股票市场小环境也不错，股票企业蓬勃发展，股民纷纷跟投，这时就是最好的投资时机。

7.3.3 股票市场长线投资方法

很多资产雄厚而且不着急获取利润甚至是想赚取更大利益的投资者，他们适合长线投资方式，而且那些高分红的蓝筹股更适合长期持有，部分股票每年都会分红或者派息，它每年分红或者派息的部分就可以当成是存款利息。平时有闲钱，趁大盘价位较低时，可以买入一部分，长年累月下去，也能获得不错的回报。下面来介绍一些长线股票投资技巧。

首先，要考虑投资市盈率和市净率长期都比较稳定且很低的大蓝筹股票，这类股票风险比较低。

其次，细分行业之后，它们虽为龙头，具有较高的扩张能力，价位合理的更加适合投资者选择。

最后，选择行业前景优势明显的企业，夕阳产业面临转型，新兴企业未来风险难以预估，因此投资者应该选择处于成长期的企业进行投资，这样不但可以规避风险，还能通过细分市场赚取更多的利润，使资产升值。

第 8 章

黄金投资：风险小，是你理财的稳压器

黄金投资这种投资方式由来已久，黄金属于稀缺资源，其价值较高，且被全球各个国家与地区认可。这种投资方式承担的风险较小，且不会根据环境的变化影响其根本价值，在一定意义上实现了保值甚至升值。

8.1 实物黄金投资的种类

黄金投资市场上存在很多不同类型的方式。本节就为各位投资者主要介绍一下这 3 类黄金的投资模式。

8.1.1 金条

投资者投资金条时需要选择知名企业精炼制造的黄金，这样在出售时可以避免很多不必要的手续。若是不知名企业生产的黄金，在交易时，还需要花费部分鉴定黄金的费用。

知名企业出售黄金时，会将黄金放入密封小袋中，并贴有封条证明，投资者在不开封的情况下进行交易会更加方便。

一般在金条上会有企业名称、编号、纯度等标记，由于金砖只能在国家规定的范围内使用，因此其他企业与个人的投资的流通仅限于金条。

投资金条是不需要任何费用的，降低了投资者的成本；黄金可以在世界各地流转，流通性较强；黄金不会因为环境的变化而价值有所降低，实现了保值和增值的目的。但是黄金在一定程度上占用了投资者的资本，并且保存方式与保障安全方面有一定的风险，需要投资者重点关注。

8.1.2 金币

金币投资包括两种，一种是纯金币投资，另一种是纪念性金币投资。

纯金币的价值和黄金含量几乎相同，其价格是随着国际市场的变化而变化的。纯金币适合集币爱好者的收藏，它的外表较为美观，便于流通，实现保值目的。但是投资增值的功能相较于纪念性金币来说并不大，由于其与黄金价格相差不大，因此溢价幅度并不高。

纪念性金币根据其溢价幅度较大的特点，升值潜力大。它的收藏价值高于纯金币的收藏价值。

它的价值由三方面因素决定：

首先是发行数量，每款纪念性金币，发行的数量越少，它的收藏价值越高，其增值潜力越大。

其次是发行时间，其发行时间越久远，它的收藏价值越高，其增值潜力越大，最好是在某个值得纪念的特定日期进行发行的纪念性金币，它的价值会更加不可限量。

最后是品相完整，可能随着时间的流逝，或者保存不当等因素造成了纪念性金币的品相有所缺失。这时品相越完整的金币，其收藏价值越高，其增值潜力越大。

纪念性金币都是具有面值的，因此流通性更强，其收藏价值也远远高于纯金币。

投资者选择金币进行投资时，首先，要了解其专业知识，对于发行数量、时间、纪念意义都要做深入研究。其次，对于品相也要进行专业的鉴定。最后，要了解市场行情，选择正规、有保障的机构进行投资交易。

8.1.3 黄金饰品

黄金饰品主要包括两个方面的物品，有些黄金饰品只要含有黄金成分，不论成色多少都被称为黄金饰品，如奖杯、奖牌、纪念工艺品等。

但是有些黄金饰品是指成色不低于 58% 的黄金材料。

但是，无论是哪种黄金饰品，它的投资价值都不高。很多投资者错误地认为黄金饰品越精致越有投资价值，其实不然。对于黄金饰品而言，它的价值在于观赏性，而对于投资黄金来说，它的价值在于黄金的含有量。

黄金饰品的购买价格中存在人为设计与雕琢的费用，而黄金投资是以纯金含量为最终标准的，与外表的形态是否精美无关。所以，对于黄金饰品，投资者可能在购买时价格昂贵，但是在出售时却以含量来计算，这是很不划算的交易。

除非有志同道合的投资者看重黄金饰品的外观形态，愿意出高价购买，否则存在贬值的风险。

8.2 投资实物黄金的优势

既然投资黄金由来已久，而且很多投资者认可这种投资方式，说明这种投资方式十分有利。那么，选择这种投资方式的优势有哪些？投资者怎样利用这种优势？本节将为投资者进行深入讲解。

8.2.1 产权转移便利

相比于房产、车产、股票、基金来说，黄金转让是最为便利的财产转让项目。它不需要任何登记与过户，可以直接转让，只要写好收据即可。

在子女继承遗产方面，黄金的税收是所有投资或者财产项目中最轻的一种，避免了投资者对于某些税务项目的疏漏。父母可以将财产转变为黄金交由子女来继承，这样可以避免高额的遗产税。子女拿到黄金再转变为其他财产即可。

在交易流通方面，黄金能够携带，流通较为方便，而且得到各个国家与地区的认可，可以在全球范围内交易。

例如，洪先生是一名企业家，名下有不少资产，他希望等自己百年之后由自己的儿女继承这一切，但是又担心会缴纳高额的遗产税。这时，黄金这种投资方式成为洪先生最好的选择。洪先生将名下多余的房产售出变现，再用资金购买了大量黄金，并且储存在银行中。

黄金不会随着时间的流逝而贬值，洪先生购买黄金规避了资产流失的风险，将其存在银行，规避了丢失的风险，这对于将来的资产继承规划有着至关重要的意义。

由上述案例可见，黄金投资对于资产的转移有着十分重要的意义。

8.2.2 保值性较强

黄金是稀有的金属资源，它的价值得到了全球人士的认可，因此是投资界中较为稳健且推崇的投资项目。而它备受欢迎的另一个原因则是保值性强，它不会随着时间与环境的变化而变化，它的价值永存。

例如，白先生在某个国家用黄金兑换了一些货币，用于这段时间内在该地区的使用。但是突然某天，白先生需要去往另一个国家办理事宜，却来不及将现有的货币进行兑换时，黄金又发挥了作用。

白先生所到国家无法使用上一个国家的货币，若碰巧不支持货币间的兑换，白先生依旧可以使用黄金进行货币的兑换。且黄金是根据国际金价进行鉴别价值的，不会存在亏损的问题。

而且祖上留下的黄金，到现代依旧可以根据其纯度进行使用，并不存在老化、新旧等问题。

由此可见，黄金的保值性较强，它不会因为时间、地域、政策、经济等因素而降低自身的价值，某些时候还有升值的可能。

8.2.3 有效对抗通胀

黄金是一项国际认可的有价值的流通物品，从来不愁买家和卖家。很多银行或者机构都愿意给予黄金拥有者市场价值 90% 左右的短期贷款，而房产的抵押贷款占房产评估价格的 70%。可见其价值力度。

面对通货膨胀，只有黄金这种保值、增值的物品才能与之抗衡，无论在任何经济环境还是政策环境下，黄金都不会因为这些条件而影响自身的实际价值。当面临通货膨胀问题的时候，无论是供大于需，还是需大于供；无论是物价升高还是降低，货币升值还是贬值，黄金的自身价值绝对不会有所降低。

而且，黄金市场也不会被恶意操控，因为它属于全球性的投资市场，当前还没有任何一个国家或者财团能有如此高的经济实力操控黄金市场。因此，黄金市场是一个透明的交易市场，投资者的投资会获得极大的保障。

8.3 实物黄金的鉴定与保管

黄金具有珍贵的价值、便捷的流通以及特性，投资者都已知晓，那么投资者在投资黄金时就需要关注它的鉴别方法，顺利投资以后就需要注重它的保管方法。下面这一节将为投资者讲解投资黄金的鉴定方法和保管方法。

8.3.1 鉴定方法

黄金根据其特点来看，有 6 种鉴别方法，分别是颜色、比重、柔软度、声音、火烧、标记。

1. 颜色

查看黄金的颜色是黄金鉴别的第一种方法，所谓“七青八黄九赤”。一般来说，将黄金在试金石上划一个痕迹，实物黄金含量越高，颜色越深。青色则说明实物中含有白银成分；若呈现深赤黄色则说明含量在 95% 以上，若呈现淡黄色则说明含量在 80%~90%，若是呈青黄色则说明含量在 60%~70%，以此类推。

试金石是由石英和蛋白石等物质混合而成的，对于鉴别黄金成色有极高的价值。

2. 比重

黄金的比重值是 19.32，略重于银、铜、铁、铝。放在手上应该有沉坠之感，但是镶嵌了宝石的黄金饰品除外。

若投资者感觉到手的黄金实物没有什么重量，则说明实物可能是假货。

3. 柔软度

黄金含量越高的实物，其柔软度越高，投资者甚至可以用指甲划出印痕。但是黄金饰品中为了雕琢会相应加入铜元素，增强其硬度。

4. 声音

黄金含量高的实物，抛出后坠落在地面上，会发出沉闷的“吧嗒”声，且不会弹起。而黄金含量低的实物，坠落地面后，会出现清脆的“当当”声，而且剧烈跳动。

5. 火烧

将黄金实物进行灼烧，若烧后实物为原色，则黄金含量较高，若烧后实物显现黑色，则黄金含量较低，且颜色越深，纯度越低。需要注意的是，金币与饰品最好不要采取这种方式，以免破坏其形态。

6. 标记

正经的黄金产品实物，上面都印有“18K”或者“24K”足金的标志，这个标志是根据国际标准制定的。

以上六种方法，投资者可以根据自身的需要进行选择，但是要注意，鉴别时最好不要对于实物造成损伤，影响后续使用。

8.3.2 黄金的保管方法

很多投资者致力于投资黄金，但是对于黄金的存放方式却不甚了解。殊不知如果存放不好，不但影响其安全性，还可能会造成一定损失。本节将从储存方式和收藏手法两个方面进行讲解分析。

1. 储存方式

（1）家中收藏

很多投资者选择将黄金放在家中收藏，既方便照料又能随时检查，投资者日日得见，安全感与满足感较高。

（2）银行存放

根据投资者的投资需求，银行特设黄金储蓄业务。投资者可以在银行购买实物黄金，然后进行延期提货，后期便可将黄金储蓄，获得相应的利息。但是利息并不高，到期前投资者也不可将黄金取回。但是相对来说，黄金放在银行安全系数较高，而且保存方式专业，不用担心损坏。

（3）网络平台

随着网络科技的发展，金融领域也不断向网络平台延伸。很多网络交易平台都增设了黄金存放业务，投资者可以选择定期也可以选择活期。但是投资者要注意平台的选择，切勿上当受骗，而且国家也不断加大监管力度，相信今后会更加安全。

综上所述，投资者可以根据自身的需求与想法，选择合适的黄金储蓄方式。

2. 收藏手法

（1）存放地点的安全性

黄金是昂贵的金属，是价值高的实物，投资者要选择安全的地方将其储存，不要放在过于隐蔽的地方，以免忘记。最好也不要放在保险箱中，盗贼首先盗窃的就是保险箱。最好是将黄金放在不易发现也不易接触的地方。可以将其放在固定的首饰盒中，相对干燥的环境，抗氧化。但是不要和其他金属饰品放在一起，容易相互影响。

（2）存放地点的干燥性

黄金需要选择相对独立、干燥、避光、干净无尘的地方进行存放。这样不但可以抗氧化，还可以避免黄金染上尘埃和污渍，而且避免与其他金属相互影响，造成损失。

（3）聚集存放

投资者的记忆力是有限的，将黄金分散存放很容易丢失，因此投资者应该寻找一个不易发现与接触的地方聚集存放。这样既安全又不会被遗忘，以免造成损失。

以上三点收藏手法，是对黄金既安全又保值的建议，希望各位投资者在投资黄金之后予以采纳，当然这只是讲个人在家中怎样收藏，如果投资者将黄金存在银行或者网络平台，就会有专业人士对其进行保护与照顾，就不需要投资者再劳心费神了。

第9章

保险理财：保障与收益共享

保险理财由经营投资类保险公司运用其优势为投资者争取投资利益，它对于投资者的资本进行保障与投资，属于人寿保险的新品种。

保险理财的品种有分红型保险、投连型保险、万能型保险、储蓄型保险等。它对于资金进行规划与安排，防范疾病与灾难，为投资者解决财务困难，并会对财富进行保值与增值。

本章将针对保险理财进行详细介绍与分析，为投资者带来有价值的保险理财信息。

9.1 分红型保险：享受投资分享红利

分红型保险是指持者有分享保险公司经营利润的权利，也就是保单持有者可以得到建立在保险公司经营业绩之上的经营收益。其经营结果会高于定价假设，保险公司会按照一定比例向保单持有者分配红利的人寿保险类产品。

9.1.1 分红型保险的主要特征

分红型保险根据其性质主要有四个特征。

首先，分红型保险能够分享保险公司的经营利润，这个利润是按照一定的比例进行分配的，在分配之前会有一个定价假设，但实际利润往往高于这种假设。

其次，保单持有者既然能够获得经营成果的分红，相应地也需要承担相应的风险。保险公司如果因经营不善倒闭了，保单持有者投资的资金也将覆水难收，因此，这种投资存在一定的风险。

再次，在投资者投资这种保险时，会有保单，保单上有定价假设。而定价假设的精算形式相对比较保守。因此，投资者最终获得的收益往往会高于定价假设。

最后，当投资者希望能退出这种投资方式，赎回投资金额时，在退回的保金中，依旧含有相应的红利，这也是最后一次红利。

9.1.2 选择合适的分红方式

分红保险的利润主要来自保险公司人寿保险的“三差收益”，这三种差异分别是利差异、费差异、死差异。将所得利润进行分配的方式主要有两种。

1. 现金红利

每年的会计结算年度后，保险公司会根据本年度的盈利进行测算，决定利润的分配量。各个保单也需要根据投资者的贡献来分配红利。这些贡献具体是指投资的保险产品、投保者的年龄、性别、投保年限等。这些都是反映投保贡献的数据。

当然，保险公司是不会将所有的盈利都作为红利进行分配的，它会根据经营状况，在保障下次红利也能平稳运行的情况下，将部分红利进行分配。而未被分配的红利则会留存于公司用于后期红利的分配或者股东权益方面。

这种分配方式体现了不同的保单持有者享有公平的红利分配原则。

2. 增额红利

它是以增加保单保额的方式分配利润，而保单持有者将在发生问题、保险期满、退出保险这三种情况发生的时候才会获得分红。它主要由定期增额红利、特殊增额红利、末期红利三个部分组成。

这种方式的红利分配，保证了保险公司红利水平的稳健上升，没有大量的现金流出，有利于保险公司的长期资产投资。这在一定程度上增加了保单持有者的利润收益。但是得到的利润分红也只能用于增加保单金额，在保单到期时获得最终收益。

这两种分红方式各有利弊，投资者还是应该擦亮眼睛，根据需要和接受能力选择某种方式进行投资。

9.1.3 从投资角度看分红险

分红型保险相对于其他类型的险种而言，其保险费用较高，但是对于最终获取利润有一定的保障，它的分红水平是根据保险公司的经营状况来决定的。它需要保单持有者与保险公司共同承担相应风险，也分享相应的经营成果。因此，可能存在无收益的风险。

保险公司的红利是由三差收益而来，当实际情况优于预测情况时，保险公司的盈利会增加，投资者的收益也会相应增加。

投资者在实际投资保险的时候不能盲目行动，需要考虑以下几个方面的因素后再进行投资，如图 9-1 所示。

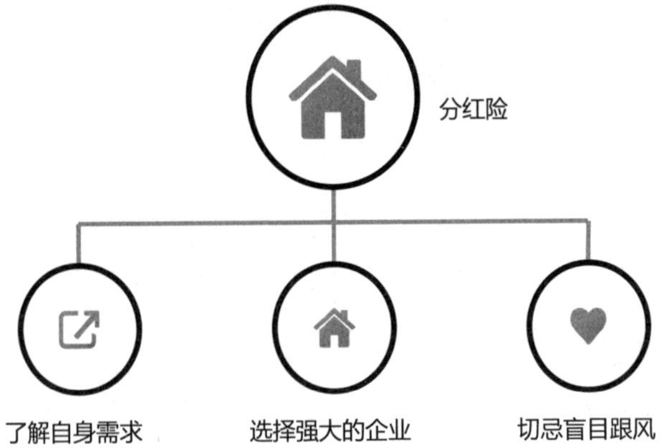

图 9-1　分红险投资考虑因素

1. 了解自身需求

投资者在购买保险之前，需要了解自身需求以及抵抗风险的能力，分红型保险比较适合收入相对稳定，且短期之内没有大量资金使用需求的投资者。

由于分红型保险的变现能力比较差，投资者只能在到期之时才能拿到资金，若有突发事件产生，投资者就只能使用退保的方式变现，这种方式存在风险，也可能会伤及本金。

2. 选择强大的企业

和其他类型险种不同的是，分红型保险的收益是不断变动的，投资者的收益和保险公司的运营状况有着密不可分的关系。保险企业运营越好，收益越高，投资者获得的分红越多。

因此，投资者应该在选择投保之前，先调查保险公司的综合实力和经营现状。不仅如此，投资者还需要考虑保险产品本身涉及的内容、责任归属、费用水平等。

尽可能选择强大的保险企业，这样不但能降低风险，还能不断提升收益。

3. 切忌盲目跟风

很多投资者听说分红型保险能够获得大量收益，因此盲目跟风进行购买，这种方式是不科学的。投资者选择保险产品的时候，还是需要理性一些，首先考虑保障方面的问题，如医疗健康、意外伤害等。

在保障的基础上，再寻求获得盈利，这样对于投资者投资保险有深远意义。

综上所述，投资者在投资分红型保险时，需要考虑自身的需求与能力，并且选择综合性素质高的保险企业进行投资，而且选择险种的时候，要在保障自身的前提下，投入分红型保险。

9.2 投连型保险：保障和投资兼得

投连型保险是根据需求产生的终身制寿险产品，它将保障自身与投资理财合二为一。主要是指被保险人在承保期间，出现任何意外事故，导致死亡，保险公司支付保险赔偿金。并且根据需要，投资者可以通过附加险使被保险人在承保期间能够获得医治重大疾病方面的资格。

9.2.1 投连险的主要特征

投资连结型保险简称投连险。投连险是将寿险与投资相结合的保险形式，是一种新的保险，它将自身保障与投资相融合，其主要有以下 4 个特点，如图 9-2 所示。

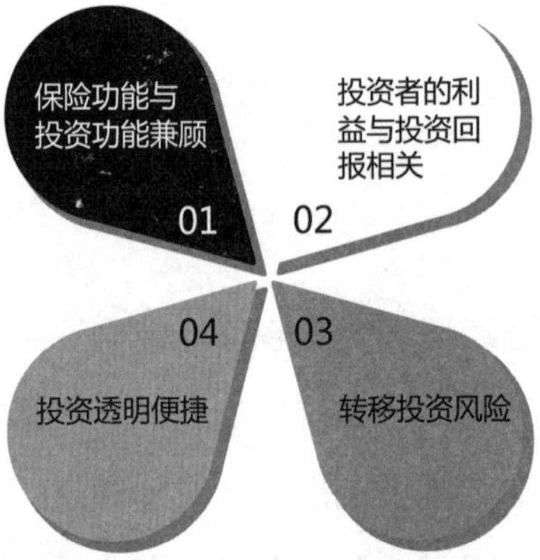

图 9-2 投连险的特征

1. 保险功能与投资功能兼顾

投资者在购买投连险的时候，不但拥有了自身的保障，还获得了投资保险基金的权益。因为保险公司会将投资者的保险费用用于投资，这笔资金会随着所投基金的变化而变化，所以投资者有可能享受高额的投资回报。

2. 投资者的利益与投资回报相关

投资者获得的收益与承担的风险都和投资回报率有关，若是投资回报率高，投资者将会得到高额收益，若是投资回报率低，投资者将承担较大风险。

3. 转移投资风险

投连险的费用较低，但是不向投资者担保回报率。因此，保险公司将部分投资风险转移给了投资者，保险公司与投资者共同承担投资风险，保险公司负责投资运用，对获得的收益收取部分管理费。

4. 投资透明便捷

这种方式的投资透明度较高，投资者可以在网络上迅速查到成本、费用、余额，保证了投资者的权益。而且，投资者可以通过投连险获得保险保障，十分便捷。

9.2.2 如何具有保障和投资功能

投连险根据其特性具有保障和投资两种功能，下面具体介绍一下这两种功能。

首先是保障功能，投连险的险种保障范围根据不同产品而有所不同，很多时候它除了提供死亡、残疾、大病医疗等保险以外，还会根据需要提供其他服务项目。比如，豁免保险费和可保选择权。

豁免保险费是被保险人在被保险期间由于意外事故或者因患重大疾病基本丧失劳动能力，则可开始免交保险费用，但是保险所保障的内容不会有任何变化，依旧会保障被保险人。可保选择权是指投资者可以在保单生效之后在规定范围内追加一份或多份保险，且不再需要体检。

其次是投资功能，投连险除了可以保障自身之外，还具有投资的功能。但是根据其投资回报率的不确定性，其投资收益也不稳定。

保险公司的营运状况佳，投资回报率就会较好，投资者获得的收益就高，保险公司的营运状态差，投资回报率不好，投资者的收益不断降低。由于保单没有固定利率，保险公司会制定出更加有效的经营战略，充分发挥资金的使用价值，创造比固定利率更好的收益。

9.2.3 投连险运作模式

投连险在运作时会开设投资风险不同的几个账户，根据需求选择不同的投资模式。根据风险程度的不同，可以分为三类账户：基金账户、发展账户、保证收益账户。

基金账户，它的投资策略主要是偏向于激进型，提倡主动投资和提高基金指数，努力获得高于基金投资市场的平均值，使资产得以快速扩张，最终获得较高收益。

发展账户，它的投资策略主要偏向于稳健型，通过对于市场行情的判断，在保证资金安全的情况下，调整各个投资的比重，从而使资产能得到稳定的发展。采用主动投资方式进行基金的投资。比较关注投资公司的背景以及综合能力，希望资产能够长久平稳地发展下去。

保证收益账户，它的投资策略主要偏向于保守型，通过分析判断利率，将资产进行合理的分类储蓄，依据其存储比例和存款期限来达到利息收入最大值，保证了资金的安全性与流通性。

9.3 万能险：收益灵活多变

万能保险是保险产品中的一种，和人寿保险一样，保障人的生命，而且保险公司也专门设立了在账户内可以进行的投资活动。

很多资金用于购买保险公司建立的投资项目，而账户内的资金有专业人士调配。保单的最终价值包含投资者投资账户中的业绩资金。

9.3.1 万能险保障额度设计方式

万能险保障额度设计方式有三种，分别为：

一是保险费 + 投资账户价值。

二是保险费与账户价值 × 系数后取值大者。

三是保险费或账户价值之一 × 系数。

正是因为设计方式不同，所以其形成了两类不同的产品。

1. 重保障型

这种类型的产品，在前期，保险金额较高，初始费用较高，退保损失较大，且账户资金较少。

例如，某寿险，它的保额达到了其保费的 60 倍，前期扣费达到了保费的 65%。

这种方式比较适合风险意识较强，且抗压能力较好的年轻人长期持有。

2. 重投资型

这种类型的产品，在前期，保险金额较低，费用较低，退保损失较小，且账户资金较多。

如某保险公司的产品，保额高达 500 万元，但费用只有 5%，因为自然费率的关系，保费相对较少，这种投资方式既保证了资金的安全性，又有基本的收益保障，适合较为保守的理财人士。

9.3.2 哪种万能险的初始费用更少

万能险在投保之初也是需要缴纳一定费用的，如管理费、手续费等，而其中占比最大的就是初始费用。初始费用的多少和投资时间相关，投资时间越长，扣除的初始费用越少。例如，前 5 年的扣费比例依次为

50%、25%、15%、10%、10%，而5年之后，可变为5%或者不再扣除。

由于每个公司的要求不同，因此保费一般为500 ~ 6 000元。保费价格越低，对于投资者来说越好。

经过对比分析发现，重投资型万能险的初始费用相对较少，而且保险金额不高，退保损失较小，比较适合追求稳健型的投资者，既能保证资金的安全，又能保证基本的投资收益。

9.3.3 如何买到合理收益的万能险

万能险根据其特点具有灵活性可以随时停止缴费，但是一旦停止缴费，保单可能会失效，而且它是需要长期缴费的一种保险。由于前期的初始费用比较高，因此账户价值不大，而且其大病医疗的保额是随着年限逐级增长的，尤其在60岁之后增长较快，因此适合养老。

下面用李先生购买万能保险的案例来说明怎样获得万能险的高收益。

李先生购买了万能险，其目的有两个，一是保障自身与家庭的情况；二是合理投资，更好地享受晚年生活。

李先生的万能险是这样的，如果在经济条件允许的情况下，连续缴纳10年，需要6万元左右。从第11年开始不再缴纳费用，在退休的时候，其账户中的资金可以用来养老。

李先生的保单上注明，在承保期间，李先生若患有重大疾病，将会赔付12万元，且这笔资金不会影响主险的内容。

由以上案例可以看出万能险的价值。投资者可以根据自身条件与需求，选择多交几年或者少交几年费用，交得越多账户内的收益越多，但是建议缴纳保费超过7年。

若是缴纳费用的期限满后，投资者急需用钱，可以向保险公司申请动用账户金额应急，但是账户余额不能少于 2 000 元，否则会被销户。在保证账户有效的情况下，12 万元的大病赔付则永久有效。

9.4 储蓄型寿险让养老无忧

储蓄型寿险是储蓄功能和保险功能相结合，是一种新型保险。它除了能保证自身资本的安全，还具有银行储蓄的性质，只不过利率低于银行，如养老金、教育金等。这一类型的保险，最大的优势在于保证了投资者的晚年生活，而且在承保期内未曾使用，最后会返还一笔资金给投资者，有此类需求的投资者建议购买这类保险。

9.4.1 如何用寿险进行养老规划

储蓄型寿险融合了储蓄和保险的双重功能，投资者可利用储蓄型寿险进行养老。

投资者按照保险规定，按期缴纳部分费用给保险公司，保险则保障被保险人的安全。在承保期限内，被保险人如果出现一系列的重大疾病，保险公司会给予一笔费用补偿，这笔费用是根据保额不断增长的。

当被保险人在有效期限内没有使用到保险，最终保险公司会将保险费用退还给被保险人。

虽然寿险没有给投资者带来大量财富，但是相对于个人的安全而言，首先为投资者提供了保障。它的时限较长，十几年到几十年不等，投资者最终获得的保险金额正好可以作为养老资金进行养老。

9.4.2 了解寿险合同特有条款

人寿保险相较于其他险种较为特殊，它是对于人的身体健康和生命进行保障的险种。并且有着保险年限越长，合同条款越复杂的特性。因此，寿险有一些只适用于自己的特殊条款，如图 9-3 所示。

图 9-3　寿险合同的特殊条款

1. 宽限期条款

在投保人缴纳完第一期保费的基础上，从第二期开始，若是投保人根据某些特殊原因，延缓了对保险的缴纳时间。在 30~60 天之内，保险依旧属于生效阶段，被保险人依旧受到保险的保障。而在期限内被保险人必须尽快缴纳保费，过期依旧无效。而在期限之内，被保险人出现任何问题，保险公司依旧予以赔付，只不过需要扣除所欠的费用。

2. 复效条款

当宽限期已过，被保险者依旧没有缴纳所欠费用，保单则处于失效状态。但是和其他的险种略有不同，寿险还存在着复效条款，也就是在一定的时间内，被保险人可以向保险公司针对失效的寿险保单申请恢复其保障性质。

3. 误报年龄条款

当投保的时候，某些保单存在误报年龄的情况，这时寿险根据此条款，可以给予被保险者一次修改年龄的机会。即使在事故发生之后，也可以采取有效的办法予以弥补。

4. 受益人条款

如果受益人没有规定具体顺序与份额，受益人则可得到相同比例的资金补偿。如果被保险者没有规定明确的受益人，则此保险的赔偿会当作遗产进行分配。

5. 自杀条款

在投保成功的一定期限内，被保险者出现自杀的情况，保险公司则不会予以赔付，只是会退还部分保险费用。当投保期限达到一定年限之后，被保险者出现自杀的情况，保险公司会根据具体情况赔付保险金。

以上 5 项条款是针对寿险进行设立的，在某些程度上是不适合其他险种使用的，投资者需要明确其特性。

9.4.3 养老保险缴多少年最划算

养老保险是保障大众在退休之后也能获得相应收益的险种，国家规定是缴纳 15 年方可领取退休金，而到退休时不满年限的则需要补齐后方可领取。

实际上，养老保险是建立在 15 年以上多交多得的，其账户有两个，一个是基础账户，它是国家根据当时的社会水平进行的资金的派发，而另一个账户是个人账户，个人账户的钱越多，将来获得的养老金也会越多。

养老保险具体应该缴多少年较为划算还没有一个明确的标准，虽说是多交者多得，但是被承保人也需要量力而行，根据自身的实际情况进行投保才是最重要的。

9.5 保险理财费用及流程

保险理财是投资理财的重要组成部分，它不但为投资者赚取收益，还保障了投资者的人身与财产安全。它涉及的范围比较广泛，不同的保险具有不同的特点，投资者要根据其特点进行选择。但是保险理财又是一个整体，它们具有类似的收费模式和运作流程。投资者在选择之初就需要清楚了解这些，以便于后期的财务规划。

本节将为各位投资者系统地讲解保险费用包含哪些内容，怎样审查保险合同，在保险理赔时需要注意的流程与方式。避免产生不必要的纠纷与争议。

9.5.1 要学会看保险合同

投资者选择保险进行理财，既能保障自身利益，也相当于对资产进行了保值与升值。但是保险投资依旧属于风险投资的一种，投资者还是需要谨慎选择。下面为投资者讲解一下保险合同所包含的内容，以免投资者忽略重点事项，产生隐患与纠纷。

保险合同主要查看下面五个方面的内容。

1. 投保范畴

这方面重点需要注意的是被承保人的年龄、性别等。不同的险种，各方面的限制略有不同。

2. 缴费时限

当保险期限和保额一定的情况下，保险费用的缴纳方式、时间限制都有哪些。

3. 保险期限

保险期限决定了这份合同的价值期限，在承保期间，投资者的利益是有相应保障的，后期是否续约是保险期限即将结束时需要考虑的问题。

4. 保险金额与费用

在保险条款中，保险的保额与费用是需要投资者格外关注的，它也是投资者购买产品的目的之一。

5. 保险责任

是指在承保期间，保险公司需要承担的责任有哪些。在怎样的条件下，保险公司需要做出怎样的赔付方式。

掌握以上几点内容，对于投资者的保险理财有着至关重要的意义。

9.5.2 保险费的构成和确定

保险费用是指投资者为了获得保险的保障，向保险公司支付合同约定的费用。它的公式是：保险费 = 保险金额 × 保险费率。

这里的保险费率是保险公司根据某一时期的不同产品价格、赔付率结合险种的区别、特性、目的进行确定的。

保险费根据险种不同，交付方式各有不同。例如，以一年、一季、一月为单位交付，或一次性交付。

保险的实质是投资者缴纳一部分资金来保障在未来阶段内，自身、财产、项目等内容的安全性。一旦出现意外，可能会给投资者造成损失，而这种损失由保险公司承担，投资者则可以继续正常地生活下去。

9.5.3 保险理赔流程和方式

保险包含的种类较为繁多。因此，其理赔方式也略有不同。下面以意外伤害险理赔的方式为例进行讲解。

首先，当被保险人出现意外住院之后，需要在 3 日内报案，并拨打保险公司的客服电话，保险公司会派人验证并且告知被保险人需要准备哪些材料进行申报。

其次，被保险人居住的医院需要是保险公司认可的等级医院，并且出具意外伤害证明、医疗证明、个人身份证与户籍复印件、医院费用收据等。保险公司会进行严格的审查。

最后，保险公司经过 7 天的审查期后进行结案，并且通知被保险人及家属带着有效证件到保险公司领取赔付费用。

第10章

居住型房产：告别租房时代，购买自住房

由于人们的生活水平不断提高，越来越多的人士选择购买属于自己的房屋进行居住，而不是选择租房，年轻人也选择和长辈分开居住，这些都离不开购买房产，本章讲解怎样进行房产的选购。

10.1 房屋常见问题

随着人们购买能力的不断提高，选择购置房产的人士也越来越多。需求的增加也致使购置房屋的风险出现明显增长，怎样才能购置有价值的房产成为各位投资者迫切需要了解的内容。本节将为投资者讲解怎样选择有价值的房屋。

10.1.1 如何判断房屋的好坏

房屋是一种价值不菲的商品，它对于人们的生活品质，资产保值、升值都有十分重要的意义。在购置房产之前，投资者需要擦亮眼睛选择有价值的房产。

下面将为投资者讲解怎样判断房屋的好坏。

首先是楼盘质量，主要看楼盘所在的位置、小区环境、配套设施等。

例如，高档小区往往都会配备车库、花园、健身区域等。

其次是户型优劣，房屋的户型应该设计合理，采用动静分离式。客厅、厨房、餐厅等属于动区，应当靠近房门；卧室是用来休息的，属于静区，应当在安静的区域，而卫生间应当在动静区域之间，便于使用。

寻找专业的建筑施工团队也非常重要，专业的建筑施工团队会对质量严格把关，对于地基沉降和房屋裂痕等问题有良好的控制及解决办法。

以上几点可以帮助投资者更好地判断房屋的优劣，选择高品质的商品住宅进行购买。

10.1.2 房屋常见的质量问题有哪些

购房者在购买房产的时候，可能一切正常，但是在居住时又难免会出现这样、那样的问题。下面为各位投资者讲解在购房时需要注意的质量问题有哪些。

1. 楼体不稳定

“楼歪歪”现象的出现就是楼体不稳定的明显特征。可能是楼体结构的不完善导致了楼体的倾斜甚至下沉，严重的还可能出现部分坍塌问题。

2. 房顶与墙面渗透

可能是防水材料不过关，或者工艺不高导致房屋出现渗透的问题，主要表现为从房顶或者房屋的角落处开始渗透甚至有明显流水的痕迹。

3. 管道线缆出现问题

在房屋使用期间，出现煤气管道有气体渗漏，水管破裂，暖气管堵塞，电线短路、漏电、衔接不良，有线电视出现故障无法显示等。

以上这些问题就是居民在居住时经常出现的，需要各位投资者在购买房屋时进行仔细查验，避免后续问题的出现。

例如，苏女士新购买了一间二手房，由于地理位置不错，价格也合理，所以没有怎么犹豫便办理了交接手续。但在后期居住时发现煤气管道存在散发异味的问题，下水道多次堵塞，几经疏通也无济于事，最后只能全管更换。

苏女士对此懊悔不已，认为早知道会出现类似问题，就应该在购买时多多注意，测试之后再付款才对。

上述案例告诉我们，在购买房屋的时候，不但要对看得见的房型、采光、环境进行考察，对于看不见的煤气、水、电管道或者电线也应注意检查，不要为后续居住留下隐患。

10.1.3 看房时应注意什么

购房者在置办房产的时候需要眼明心亮，对于房屋的好坏要有明确的评估计划，对于居住时可能产生的一系列问题需要提前考虑。

1. 查看房屋整体状况

购买房屋需要实地勘察房屋的整体状况，这些包括房屋的门窗质量是否有保障，煤气、水、电是否畅通无阻且没有任何隐患，房屋户型是否合理，墙体结构是否正常、无隐患等。

2. 查看小区设施

投资者需要对于目标房产的小区配套产品进行考察，查看小区是否有供人休闲的小花园、健身区域、小区内绿植面积如何、是否配备车库或者停车的位置、部分高层住房应有相应的电梯供居民使用等。

3. 查看气味

在查看房屋的时候还需要注意气味的问题，这方面包括房屋本身的建筑材料是否存在不明异味，房屋的煤气、水、电管道电缆是否存在泄漏问题而产生不明气味，以及房屋周围是否有化工厂，是否会有影响健康的隐患。

4. 看采光和朝向

大多数用户喜欢采光好，太阳能直接照射进房间的户型。所以朝向就很关键。尤其在北方，如果透过窗户，阳光能直射进来，冬天在房间里能晒晒太阳还是很舒服的。在南方又刚好相反，因为夏天太热，很多用户就不太喜欢太阳直接照射进卧室。所以大家可以尽量挑选适合自己的朝向。

以上这些问题是投资者在购买房屋之前不可避免且需要深思熟虑的问题，投资者需要耐心查看这些方面，避免后期的隐患问题。

10.1.4 好地段的房屋容易出现哪些问题

很多购房者默认地段好的房屋就是好房屋，但是在实际居住时却往往会出现很多不必要的麻烦。因此大家在选择购置房产的时候，还是需要考虑综合性因素，切不可盲目购置。

1. 地铁房

很多开发商在宣传自己房屋的时候都会选择宣传“靠近地铁”或者“地铁房”，可是在交房的时候才会发现，所谓的地铁房，是需要走很长一段路或者需要乘坐公交车才能到达。

2. 繁华地区

好地段的房屋可能处于繁华闹市区，窗户对应的是繁华的街道，人来人往十分密集。这些虽然看上去十分方便人们的生活，但在一定程度上也会对人们的生活造成不太好影响。房屋是用来居住的，需要考虑综合性因素，比如，如果在过于热闹的区域生活，环境可能会比较嘈杂，可能会影响学习与睡眠。

3. 高楼林立

好地段的房屋可能是高楼林立的，这也可能会造成人们生活的私密性被泄露甚至打扰，而且光线、通风等问题也会受到影响，严重的还会影响人们的身体健康。

以上这些条件看上去是好地段的象征，但是在一定程度上对于人们的生活与工作却是十分不便的。投资者在购置房屋的时候需要规避这些不良因素，选择更适宜的条件居住。

例如，高先生在某座城市的繁华地段购置了一套房产，周围环境比较热闹，交通便利，购物、娱乐、休闲都是非常容易的事情。可是正因为一切都是那么繁华，所以导致周围环境一直都是喧嚣的，即使在深夜也能听到街上行人的欢声笑语。这在某种程度上打扰了高先生的睡眠，高先生经常会在深夜被各种声音吵醒，后续则难以入眠。长期休息不好会影响工作效率。这些都是没有购置安静住宅所遗留的隐患。

由上述案例可见，房屋的选择是多方面的，地段良好可能未必适合居住，投资者在购置房产时，还是要统筹兼顾，切不可盲目地认为繁华地段、价格高昂的房产就是最有价值的。

10.1.5 房地产商的促销陷阱有哪些

投资者在购置房产时一定要擦亮眼睛，看清开发商的“花招”，不要掉进他们的促销陷阱之中，如图 10-1 所示。

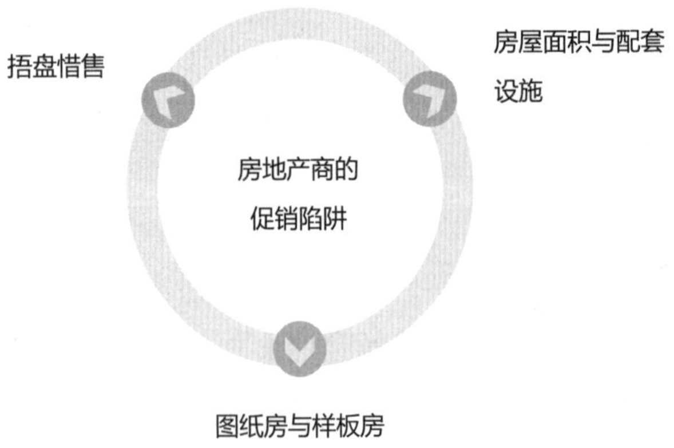

图 10-1　房地产商的促销陷阱

1. 捂盘惜售

很多开发商在售卖房屋之初往往会选择将位置不够好，房型有问题的房屋预先出售。而其他户型相对好一些的房屋则会在后期一点点推出，这样便于销售与提升价格。

2. 图纸房与样板房

很多房屋在建立之初就已经在销售，开发商会用图纸与样板房的方式进行资金的快速回笼，投资者切勿过分相信。那些图纸房与样板房就像是未来的蓝图，在实际交付房屋的时候可能会出现理想与现实的偏差，让投资者失望不已。

而样板房则应是比较好的模板，让各位购房者信服，可是实际交付的房屋，也会被开发商以各种理由逃避与样板房之间存在的差距。

3. 房屋面积与配套设施

开发商在早期承诺的面积和实际交付房屋的面积可能存在一定的偏差，房产的面积是需要实际测量的，但是有一小部分开发商抓住了购房者测量房产面积的难度，因此会提供虚假数据，进行房屋面积的计算。投资者需要提高警惕，必要时可以请有关部门进行专业测量。

投资者可以参考以上几点内容，谨慎购置房产。投资者切不可轻信开发商售卖房屋的宣传资料，轻易交付定金，因为有可能会造成损失。需要贷款的投资者也要注意，是否存在诈骗的情况。

10.2 价格谈判

投资者了解怎样判断房屋质量之后，就需要从价格方面入手，知道怎样进行价格的商谈，怎样购买到价格合理、品质优越的好房产。这需要投资者了解房价的构成、还价的技巧，以及面对开发商需要准备的内容。

10.2.1 房价的费用构成有哪些

房屋的价格高低和开发商的成本有着密切的关系。开发商开发楼盘的目的是为了赚取资金，因此房屋的价格是建立在成本之上的。

投资者在购买房产之前要对于房屋的成本价格有一个大致的了解，某些不必要的费用或者重复的费用是不应该由投资者承担的。下面具体来介绍一下房价的构成费用都有哪些，如图 10-2 所示。

图 10-2 房价的费用构成

1. 土地费用

开发商想要开发楼盘，首先需要有建设用地，而随着国家对于土地管理政策日趋严谨，开发商想要获得土地的使用权，就需要参与有关部门组织的招标与拍卖活动。这些都需要雄厚的财力作为支撑，将来这些资金也是会转化到销售的房价之中。

2. 建设费用

建设房屋是需要很多步骤的，这方面也涉及不少费用。前期的工程费用，如地质勘查费、设计费等。

中期的建筑工程费用、工程安装费用，这些在总房价中占有的比例较大。

后期的基础设施费用，如煤气管道、自来水管道、电线、网线等。配套设施费用，如小区绿植、休闲区域、地下车库等费用。

3. 管理费用

管理费用需要包含前期房产开发与后期销售两方面的费用，主要有相关人员的工资、保险费用、差旅费用等。

4. 税费

任何产品都离不开国家征收的税费，房产涉及房产税、土地增值税、企业所得税、印花税、契税等，种类繁多。其中，房产税、契税由消费者缴纳，土地增值税、企业所得税由开发商缴纳，而印花税则由双方共同缴纳。

5. 开发商利润

开发商利润也是开发商建设楼盘最终获取的利润，这部分利润的多少有变动的可能性。在特殊时期，开发商是愿意让出部分利润来完成交易的。

以上这些是房价构成的所有费用，投资者在购置房产之前需要明确知晓的相关内容，以防被开发商忽悠，重复缴纳，甚至是缴纳不必要的费用。

10.2.2 房价的价外因素有哪些

投资者在购置房产时，除了需要考虑其房产的总价格以外，还需要考虑一些其他方面的费用，这方面包括以下几点内容。

首先是物业费用，物业费用是当今各个小区不可避免征收的一种费用，它用于支付小区环境管理维护人员的工资。但是某些时候小区征收了大量的物业费用，但是管理维护工作却是不尽人意，需要业主督促改进。

其次是维修基金，正常情况下，房产都是有维修基金的，它是在房屋出现某些问题的时候，用于支付整修房屋的费用的。投资者在购置房产时，要留意这方面的信息，选择相对合理的价格，才会对后续问题有所保障。

以上这些因素需要投资者明确了解，在购置房屋时需要参考的房价价之外的因素，也是选购到适合的房产时需重点关注的因素。

10.2.3 买房时要掌握的还价技巧有哪些

很多投资者不知道的是，购买房屋时是可以商谈价格的，而商谈价格是需要一定技巧的。下面为投资者介绍商谈价格的技巧有哪些。

1. 多听看、常提问

在售楼现场会有专业的售楼人员为投资者介绍在售楼盘的情况，这时投资者需要静下心来，耐心听取售楼人员的相关介绍，并且对于介绍说明、沙盘、样板间进行仔细观看研究。当介绍的差不多时，投资者可以提出自己的疑问，对于相对含糊的内容，要问清楚，不可马虎了事。

2. 多次查探

为了能够买到合适的房产，投资者可以和家人分次前往售楼现场查看，而不同的销售人员也会为投资者提供出不同的信息内容。投资者可以将信息汇总，更全面地了解。

3. 不要冲动

某些时候为了能够促进销售，销售人员会利用折扣，甚至涨价来博得投资者的注意，这时投资者要稳定情绪，不要冲动。面对折扣，投资者要看清销售人员的行为，如果折扣给得很爽快，需要投资者质疑，是否还有让利空间。而面对涨价，投资者也不要盲目抢购，需要弄清卖方涨价的原因，不要听信一面之词。

其实，还价的技巧可能还有很多，在这里不再一一赘述，以上三点是最重要的还价技巧，相信投资者若能合理运用，一定会对购置房产有所帮助。

张先生想购置一套学区房，一方面利于孩子上学，另一方面利于居住。为了能够选到适合的房屋，他和妻子两个人分别去中介查看市场行情。

后来两人选中了某小区的一套房产，两个人又分别去考察了这间房屋的优、劣势。将信息汇总之后，最终确定下来这套学区房。

由上述案例可以看出，投资者若想买到合适的房产，首先需要考察清楚房屋的质量，后续再根据情况进行信息整合，明确房屋的价值是否符合投资者的需求，再进行购买。

10.2.4 与业主谈判前要做哪些准备

对于购买二手房，需要与业主进行谈判的时候，投资者需要注意的问题可能又与开发商谈判时略有不同。开发商销售的房屋基本属于毛坯房或者新房。而业主将要出售的房屋多为二手房，无论是否居住，总之不是新房。那么，面对业主时，投资者需要做好哪些准备呢？

首先，投资者在看房的时候，要了解房型、煤气水电是否畅通、周围设施是否齐全等。

其次，投资者还需要对房产有所估计，事先确定一个合适的心理价位和最高价位。

最后，明确业主是否急等着用钱，如果业主急需用钱，投资者可以再打压下价格，获得更低的价位。

第 11 章

艺术品投资：财富的另一个入口

很多投资者认为自己并不擅长投资股票，这种情况下就可以选择购买一些有价值的艺术品进行投资，这也是一个不错的投资方式。

11.1 艺术品投资方式

艺术品投资是规避投资风险的方法之一，但是投资者也不能盲目进行投资，还是需要了解艺术品投资的方式方法，以免上当受骗。

本节将为投资者讲述艺术品投资的类型与优势。

11.1.1 常见艺术品投资类型

艺术品投资是一项高雅的投资，它的范围极其广泛，主要包括古董瓷器、珠宝玉石、名人书法与字画等。甚至有的投资者会选取纪念币、邮票等进行收藏投资。

投资者切勿盲目进行投资，需要衡量自身的经济实力、根据兴趣偏好和经济因素来选择适合自己的艺术品投资类型。

11.1.2 投资艺术品有哪些好处

当前阶段，国民生活水平不断提高，投资者人群的鉴赏水平也越来越高，投资者选择艺术品投资这种方式，在投资者群体当中会获得良好的评价，提升自身形象与信誉值。随着越来越多的投资者倾向于这种投资方式，也让艺术品的投资价值与日俱增。

11.2 各类艺术品投资技巧

艺术品投资包括的范围很广，但是由于类型的不同，其投资方式与技巧也有所差别，本节将针对艺术品投资的四个主要类型：书法、山水画、瓷器、玉石，为各位投资者讲解和分析投资艺术品的技巧有哪些。

11.2.1 山水画投资技巧

山水画投资是比较复杂的投资活动，其涵盖的层面较广，类别繁多，是一个博大精深的投资行业，需要投资者拥有专业的知识、深度的认识。山水画投资风险性较小，收益性较高。还能为投资者提供精神享受，是一种性价比较高的投资方式。

投资者选择这种方式进行投资，需要知道山水画投资的四大价值法则，如图 11-1 所示。

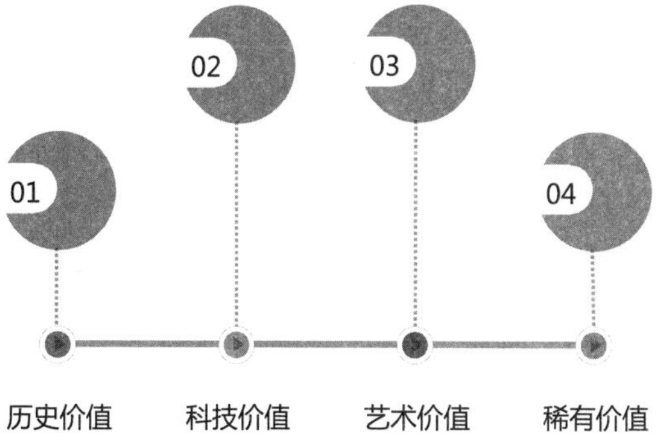

图 11-1 四大价值法则

法则一：历史价值

某些收藏品具有深厚的历史价值，它承载着岁月的痕迹，代表着某一时期的文化，这种也称藏品的“文物价值”，其价值是不可再生的，一经破坏将消失殆尽。因此，投资者面对这类收藏品，需要关注历史，了解历史文化背景，在此基础上才能更好地进行投资。

法则二：科技价值

某些收藏品包含着不同时代的科技成果，也是当时匠人们的智慧与技术的结晶。例如瓷器，我国瓷器最繁盛时期生产的瓷器，连现在最先进的工艺都无法与之比拟，可见其包含的时代科技价值。

法则三：艺术价值

艺术来源于创作者的心灵，每个人的性格与喜好不同，因此，创作出来的作品也不尽相同。作品不但反映了创作者的心理还反映了当时的社会面貌、文化、制度。这些内容都是非常具有艺术研究价值的。

法则四：稀有价值

稀有价值是收藏品永恒不变的价值，正是因为稀有，才成就了山水画投资的意义。

例如，齐白石老先生的画作，众所皆知，齐白石是伟大而有名的画家，擅长画虾。他的画作非常珍贵，不仅因为其优质的内容，更重要的是随着作者的去世，除了世间现有的画作以外，不会再生产出新的画作，因此格外珍贵。

掌握这四大价值，有助于投资者更好地了解山水画投资，为未来进行山水画投资，打下良好的基础。

那么，掌握了山水画投资的四大价值，下一步投资者应该怎样进行山水画投资呢？如图 11-2 所示。

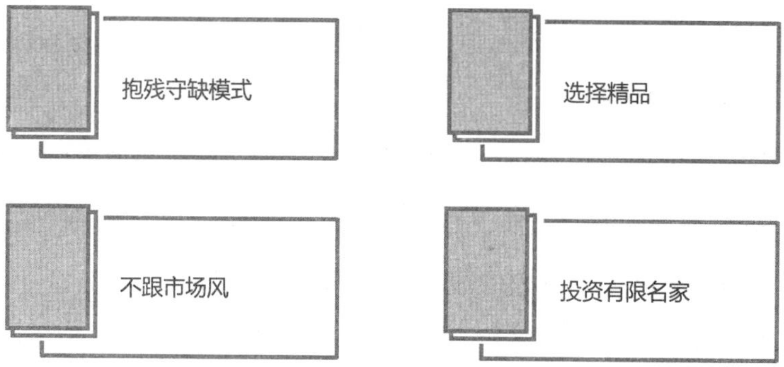

图 11-2 怎样进行投资收藏

1. 抱残守缺模式

很多收藏品经过岁月的侵蚀，略有残缺，一部分投资者对此有所犹疑。但其实山水画投资就是一种“抱残守缺”的模式，面对平庸的完整品和残缺的极品，投资者应该选择“碎玉”而不是“全瓦”。但是需要注意的是，接受残缺是有限度的，如果其关键部分缺损，会影响其研究与收藏价值，投资者可以选择放弃。

例如，明代德化窑观音像，若残缺的是手臂，则可以选择收藏，但若缺损的是头部，则没有收藏意义了，这时就需要果断放弃。

2. 选择精品

很多投资者选择山水画投资都是冲着名家去的，这本身并没有问题。但是并不是每位名家每次创作的都是精品。因此，投资者还是要藏有保守心态，宁愿选择小有名气的作家的精品。

3. 不跟市场风

投资者选择山水画投资时需要注意，不要跟着市场的炒作之风进行投资，很多投资者为了能达到获利目的，会进行收藏品炒作。投资者需要眼明心亮，不要跟风。投资者需要选择优质的藏品而不是价格高昂的藏品。某些藏品头衔很高，但实际水平很低，这类藏品会随着岁月流逝失去其价值，投资者需要避免投资风险。

4. 投资有限名家

投资者需要根据自身喜好进行藏品投资，同样还要量力而行。投资者还是要明确自身的投资目的与收藏喜好，选择适合的收藏品类别中几位名家的作品即可，不需要遍地开花式收藏。

能够掌握好上述几点技巧，相信投资者能够更好地进行山水画投资，获得资本增值与精神享受双丰收。

例如，某收藏品行业企业家的企业与其他几个行业的企业同在一个写字楼中。这几个其他行业企业的领导经常到收藏品企业来参观，对放置在其公司中的画作十分感兴趣，因此要求该公司负责人帮助他们挑选一些放在他们的办公室中。这样不但能够装饰办公室的环境，还能够提升他们的品位。

于是收这位藏品行业企业家为他们挑选了几幅价值数千元的单幅作品，并为其讲解选择的理由，画作的文化与意义。这些企业家很满意，很快将普通的购买意愿变为了消费的投资行为。当这些企业家真正进入收藏品投资市场之后，便有了进一步深入探究的动力。

这位藏品行业企业家在此基础上组织了收藏品投资沙龙，为各位投资者讲解如何选择收藏品投资，如何鉴赏艺术。不但受到了现有的投资者的关注，而且还吸引了大量的潜在投资者参与其中。

由上述案例可见，引导投资者正确地进入山水画投资领域十分关键。在喜欢的基础上进行投资，再增加系统的知识教育，会让投资者更加了解山水画投资的价值。收藏名人马未都先生曾说：“收藏品的价值不仅在于其身价，更在于其所包含的科技文化价值，以及其在历史上的重要地位。”

由此可见，提升自我的文化素养与鉴赏能力对于山水画投资是十分必要的，这是一个循序渐进的积累过程，投资者越了解行业模式与状况才会更愿意融入其中。

11.2.2 书法作品投资技巧

随着人民生活水平的不断提高，投资者的文化素养也在不断攀升，大众审美也越来越精致，投资者选择这种方式进行投资在一定程度上也是个人文化修养的体现。

书法投资和山水画投资在很大程度上具有相像之处，他们都是纸质类艺术品，都注重名家的手笔，因此投资技巧也存在相通之处，在这里不再一一赘述。

下面来为投资者介绍一下书法投资的独特技巧。

1. 眼尖

投资者选择书法投资这种方式进行投资，首先需要具备好眼力，需要投资者多多学习相关知识，提高自身鉴赏能力。

2. 腿勤

投资者需要经常往投资市场跑，了解市场行情和投资产品的定位，对书法投资产品的价格变动做好充分的心理准备。

3. 耳灵

多交志同道合的朋友，拓宽信息资源获得渠道，收集各方面的信息，进行鉴别，最终为投资决策提供依据。

4. 脑清

投资者一定要看清书法投资的形势，切忌盲目跟风，谨防某些哄抬价格的手段。投资书法不求尺寸大小和数量多少，一定要收藏精品。

做到以上几点，相信投资者应该会得到良好的投资体验。

11.2.3 瓷器投资技巧

俗话说得好，“乱世买黄金，盛世买古董”。随着经济的不断发展，社会环境的稳定，市场经济的繁荣，投资者越来越关注瓷器的投资。瓷器业的兴盛带动了大量的收藏爱好者加入其中。

只要投资者买入足够多的瓷器，收获大量有价值资源，在未来的几年中将会获得比较不错的收益。但是，瓷器行业并不是一个容易投资的行业，需要投资者拥有足够的投资要素，如图 11-3 所示。

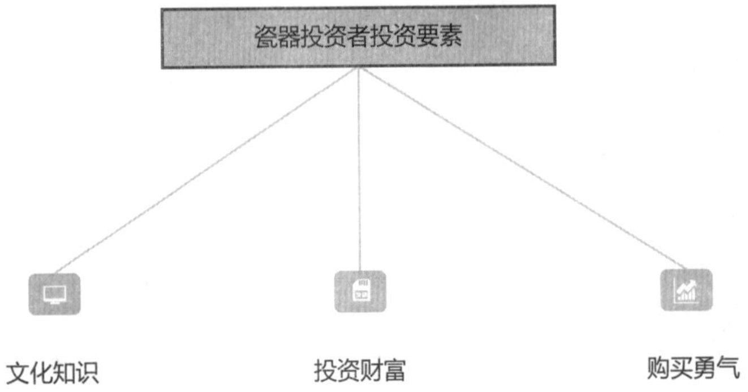

图 11-3 瓷器投资者投资要素

1. 文化知识

投资瓷器是一门深奥的学问，投资者需要储备足够的文化知识，对于所要投资的瓷器的年代、花纹、使用方式、存在意义有深入的了解。这样才能在古玩市场进行观赏时，快速辨别瓷器的真假，在进行交易时，说得头头是道。这需要日积月累的学识与古玩交易实战经验相结合。

2. 投资财富

财富是一种能力，可以确保拥有瓷器的数量与质量。瓷器也是分投资收藏层次的，每个层次都有大量的收藏爱好者，投资者拥有的财富越多，选择的投资收藏层次就能越高，占有的资源价值也就越大。

3. 购买勇气

很多投资者，瓷器学识渊博，财力雄厚，但是缺乏购买勇气。他们总是在该购入瓷器时犹豫不决，失去良机。有的投资者存在捡漏的心态，总希望能在瓷器市场里找到竞争者们遗漏的有价值的物品，但是在实际的瓷器交易中，信息流转相当快，基本无漏可捡，因此这种心态是不能为投资者的瓷器投资带来收益的。

瓷器投资是一种承载着历史，具有浓重文化色彩的投资。它所包含的东西很多，大到古典家具，小到文房四宝，都有涉及，东西种类繁多，投资方式也是多种多样。投资者需要擦亮眼睛，不要被繁多的瓷器扰乱思维，造成损失。

尽管目前古玩行业发展较快，市场前景良好，但是并不是所有的瓷器都能得到迅速升值，投资者需要注意的是，投资瓷器时，必须养成投资精品的意识，越有价值的瓷器投资，越能让投资者获利。

例如，甄先生曾是公司的职员，后来辞职创业。由于赶上了好的市场环境，自身也十分努力，因此赚到了不少钱，公司规模也不断扩大。有了一定的资金储备后，甄先生决定开始投资瓷器。

甄先生本身是没有瓷器知识的，但是他是个很聪明也很有耐心的人，为了能很好地进入瓷器投资行业，他开始认真钻研瓷器知识，后期勇于投入实践，经常去瓷器市场考察，询问价值。

甄先生凭借自己掌握的知识，曾经在一个商家手中低价买到一盏年代久远的油灯，价值不菲。后来又凭借自己的耐心，经常到一位老者家中观赏各种瓷器藏品，其实是为了考察一支玉扳指的价值，最终确定了玉扳指的珍贵之处，抓住时机购入手中。

经过几年的瓷器投资，甄先生收藏了不少瓷器，虽然也受过一些小教训，但获利更高些。

这个案例告诉我们，即使对瓷器投资一无所知，只要你愿意投身这种投资中去，去努力储备知识，拥有丰厚的财力，决断的魄力，一定能够在这类投资中获得良好收益。

投资者在瓷器投资方面，不但要选择切合自身条件的瓷器进行投资，而且要注意规避风险。在这里，为投资者总结几点投资需要注意的要素，如图 11-4 所示。

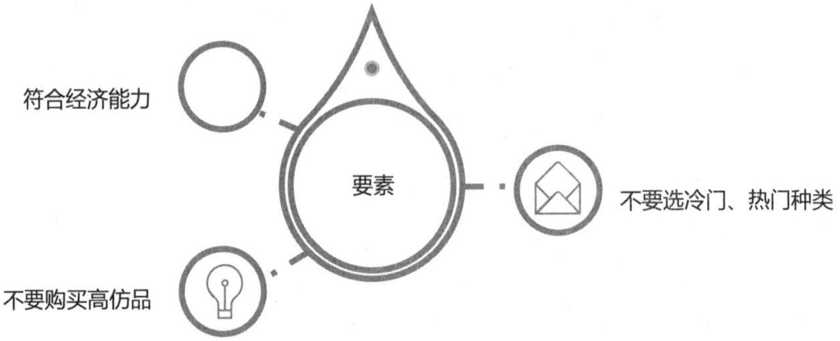

图 11-4　投资需要注意的要素

1. 符合经济能力

经常能在网上看到，某位企业家倾家荡产也要买进某种藏品，这是不现实的。不能为了投资而影响正常的生活，这是没有意义的投资。投资的目的是赚取更多的财富，为了更好地生活。因此，瓷器投资需要切合自身经济实力。

2. 不要购买高仿品

高仿产品看上去再真实也不具有收藏价值。很多商家高价售卖高仿品，以此获得人们关注。投资者需要注意，不要被这些不良商家欺骗。某些投资者认为高仿品很不错也想购入，但实际上这是没有意义的事情，高仿品没有投资的价值，再好看也没用，投资者还是要明确自己的投资目的，不要为草率决定而后悔。

3. 不要选冷门、热门种类

瓷器市场上的产品种类五花八门，投资者不要选择太冷门的种类，如大型铜器就是不便于流通的种类，投资者只会在自己喜欢的基础上购置。而且升值速度较慢，不便用于再度交易与投资。

投资者也不要选择太热门的种类，如鸡血石，其一经出现必然非常抢手，价格也会越炒越高，但是并不适合刚入市的投资者进行投资。

综上所述，瓷器投资是一门学问，它的目的是收获升值空间。投资者选择这种方式进行投资，在未来是很有市场价值的，但是其风险也是不小的，投资者还是需要摆正心态，用正确的方式，稳健中求收益。

11.2.4 玉石投资技巧

玉石投资是投资的另一个领域，然而这种投资在某些情况下存在风险，玉石之所以有价值，主要因为它属于稀缺资源，是不可再生品。但是市面上的高仿产品众多，投资者必须具有丰富的知识储备和高超的鉴赏能力。

选择有价值的玉石进行投资，不但能获得较高的欣赏价值，还能对于财富进行保值增值。但是玉石市场鱼龙混杂，很多商家通过以次充好的方式蒙骗投资者。因此，投资者需要对于玉石的投资谨慎选择，切勿用高昂的价格购买低端的玉石产品。

很多地方流行赌石游戏，投资者将看中的石头买下来，进行切割，若石中是价值不菲的玉石则获得高收益，若石中只是普通石块则会造成损失。投资者还是应量力而行，切勿因为赌石造成血本无归。

11.3 投资机会选择

艺术品投资也是比较看重机会的，投资者如果能顺利抓住投资时机，运用投资技巧进行投资，相信一定能让资产不断保值与升值，本节将为各位投资者讲解怎样抓住稍纵即逝的投资机会。

11.3.1 投资艺术品要择机、择时

艺术品、房地产、股票是资产配置领域比较有代表性的投资工具，很多投资者通过其他方面投资赚取了不少资金，如今又将眼光放到了艺术品投资方面。

艺术品投资虽然风险相对较小，又能使资本保值升值，但是想要赚取更大收益还需要抓住时机。投资者首先要对于所投资的艺术品有所了解，才能更好地判断时机的来临。还需要擦亮眼睛，准确辨识艺术品的真伪，市场上有很多高仿产品，其本身是没有什么价值的，投资者切勿上当受骗。

某些时候，投资者可以寻求权威机构的帮助，因为他们拥有完善的服务团队和保障体系，能够帮助投资者解决不必要的麻烦。

11.3.2 如何寻找最具投资价值的艺术品

艺术品投资是一种高雅、有品位的投资，这种投资是在对各类文化产品进行投资。纵观艺术品行业价值的惊人涨势，考虑到这类产品广大的升值空间，投资者选择这种方式进行投资是有保障的。

艺术品投资包括很多方面的内容，如画作、雕刻、瓷器、刺绣、奇石等都是艺术品的类别，因此投资者的选择范围很广泛。那么，投资者

怎样涉足艺术品投资行业，如图 11-5 所示。

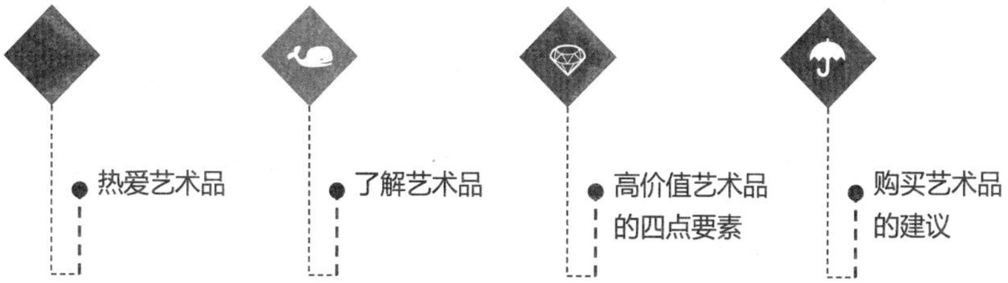

图 11-5　投资者涉足艺术品投资行业的四个步骤

1. 热爱艺术品

艺术品很多时候是一种精神产品，它可以带给人们精神方面的慰藉，投资者选择这种方式进行投资，首先需要热爱它。这样艺术品带给投资者的不仅仅是利益的回报，还有精神的回报，达到双赢的效果。

如果投资者只把艺术品简单地当成投资武器或者投机机会，那么并不建议选择这种投资方式。因为相比于股票、房地产而言，这种投资方式获得利润的得流动性较差，不能很快为投资者盈利。

2. 了解艺术品

艺术品本身是有其独特价值的，但不是任何物品都可以称得上是艺术品，也并不是所有的艺术家创作出来的都一定是艺术品。

例如，同样是红木原木制作出来的物件，有的工匠技术水平拙劣，其制作的物品原材料再珍贵，也不能称之为有价值的艺术品。

投资者在选择艺术品投资时需要注意，不要自认为某些物品就是艺术品而因此陷入“博傻理论”。投资者需要对所投资的艺术品种类做深入研究再做判断。

3. 高价值艺术品的四点要素

通常情况下，有价值的艺术品主要有四个特点，分别是：真品、精品、创新、名品。

真品是指确定是某位艺术家创作的作品，而不是漂亮的仿品。精品是指价值高的艺术品，而不是随意一件艺术品。创新指它具有区别于其他物件的特别之处。名品是指它出自真正的、有名气的艺术家之手。

4. 购买艺术品建议

新入行的投资者购买艺术品是有一定技巧的。例如，投资者可以选择新晋艺术家的新作，他们的作品题材较新颖，颇具探索性，备受艺术市场的关注，也受到各界崇尚艺术的人士追捧。他们的作品不但性价比高，而且升值空间较大。

投资者还可以选择从自己喜欢的类别入手，因为喜欢就会有一定了解，对于后期的研习也会增添动力，有助于投资收益的达成。

例如，秦女士是位知名的企业家，在闲暇之余也喜欢关注艺术。最近她发现了一位新晋的画作艺术家，他的作品崇尚自由，利用流畅的线条、优雅的表现形式，给人以舒适轻松之感，作品中又不缺时尚的元素。这些和秦女士公司的理念和自身的追求相得益彰。

因此，秦女士大量购入其作品放在家和办公室重要的位置，甚至作为礼物送给亲友。不但如此，她还帮助这位艺术家开画展，为他的画作造势。

秦女士不但自己投资了艺术画作，还推动其升值，这场艺术投资非常有价值。

这个案例告诉投资者，当爱好和资本相结合时，对于投资的保值与增值大有益处。投资者需要找到适合自己的艺术品进行投资，喜爱它们，了解它们。这样不但能收获资本收益，而且能收获精神收益。

投资者如果已成功地进入艺术品投资行业，下一步就是如何在这个行业中站住脚。这就需要投资者关注以下几点问题。

第一，宏观环境。

艺术品投资和其他投资方式没有什么不同之处，都是需要看其行业与市场环境，并且要考虑其长期持续性的价值增长趋势，保障长时间保有艺术品的价值。

第二，了解市场走势。

投资者初入艺术品投资行业不可冲动与盲目，需要求助专家进行介绍分析，买到优质的艺术作品。投资者要在专家的带领下，提高自身的艺术鉴赏能力，挖掘有潜质的艺术作品，关注有升值能力的年轻艺术家。

第三，合理安排资金。

据调查，艺术品很适合资产多元化投资组合，艺术品本身与股票类投资品相关度较低，将其纳入投资领域，可以在获得收益的基础上，降低风险。但由于其升值速度相比于股票类较慢，收益保障有限，因此，不建议普通大众过多投资。

首先，投资者在进行艺术品投资的时候，需要注意提高自己的专业素养，这样才能更好地把握艺术品的潮流风向。

其次，需要明确自己的投资目的——资本与精神收益双回报，因此，在购入艺术品时要选择喜欢的类别中的精品。

再次，投资者需要摆正自己的心态，不要将全部资产或者投资资本纳入艺术品投资行业中，防止风险扩大。

最后，投资者需要眼明心亮，在乱象丛生、缺乏公信力的评估机构的市场中，慧眼识珠般地判断出有价值的艺术品。

假如能做到以上几点，投资者的艺术品投资收益一定会十分丰厚。

进阶理财篇

做好风控，基业长青

第 12 章

股权投资项目：回报与风险共存

股权融资是企业融资的主要途径，普通投资者也可以参与。股权融资不需要还本付息，是由企业原有股东出让股份，通过增资方式引进新股东，新股东与老股东一起按照股权持有比例分享企业的盈利与增长。股权融资主要包括吸收风险投资、PE 基金融资、上市融资三大方式，本章对其进行详细解释。

12.1 项目来源：如何寻找好项目

投资者若想利用股权投资的方式进行资产的合理配置，首先需要找到合适的投资项目，只有对良好的项目进行投资才能促进资产的保值与升值。本节将为投资者讲解哪些活动可以成为投资者寻找项目的平台。

12.1.1 创业类沙龙活动及平台

现在北京、上海、深圳等地的创业氛围非常好，每天都会有各种创业活动。如果投资者有时间，可以参加这类线下的沙龙活动。

另外，创业孵化器主办的活动，一般会邀请一些知名大众创业导师、天使投资人作为嘉宾，由项目创始人报名参与的路演活动也为投资者提供了与创业者接触的机会。

路演时，创业者会对自身项目的市场前景、商业模式、团队情况等进行讲解，创业导师、投资者会与创业者交流，探讨项目。

在中关村创业大街的车库咖啡、3W 咖啡等平台，每天都会有一些创业者与投资者出没。如果投资者眼力好，很容易碰到他们，并有与之沟通的机会。当然，前提是投资者得知道要找的创业者与投资者长什么样子。这些是需要提前做好功课的。

黑马会、36 氪等公开平台是一个容易邂逅创业者与投资人的好地方，但前提是投资者需要提前做好功课，对需要寻找的创业者与投资人有一个大致了解。

12.1.2 朋友或同行间介绍

如果有人信任创业者，愿意将创业者推荐给别人，这意味着他愿意为创业者的表现而承担风险。这种信任是非常珍贵的。无论什么时候，朋友的引荐永远是寻找项目的最好方法之一。

聚美优品是徐小平最成功的投资项目之一，为其带来了数千倍回报。聚美优品创始人陈欧就是通过第三方推荐认识徐小平的。

陈欧为自己的创业项目寻找资金时，他的斯坦福校友、兰亭集势创始人郭去疾，就把陈欧引荐给徐小平。经过商谈，徐小平立即决定投资 50 万美元，占股 10%。

但条件是陈欧放弃斯坦福的学业，全力进行创业项目开展工作。迫于父母的压力，陈欧选择了继续读书，当时没有拿徐小平的投资。

两年后，陈欧从斯坦福大学深造回来，又一次遇到徐小平。陈欧简单介绍了自己的游戏广告项目后，徐小平没有任何疑问，就向陈欧的项目投资了 18 万美元，还将自己在海淀黄庄的房屋低价租给陈欧作为办公场地。

拿到徐小平的投资资金后，陈欧说："天使投资人投笔钱能增加品牌的知名度，后期 A 轮融资会更容易。"可见，陈欧找徐小平投钱考虑更多的是对方的名气。

随着创业项目开展的深入，陈欧发现线上化妆品行业是个不错的发展方向，还不存在权威性的企业。陈欧说："化妆品产品市场开发的三个可行条件有：第一，电子商务在中国的快速发展；第二，生活质量的提高使得人们开始注重护肤，但是随着化妆品需求量的增大，市场上并没有出现一个信誉度高的化妆品网站；第三，从事一份为女性服务的行业减少了行业竞争。"

由于，公司的流动资金只有几十万元，所以陈欧一边继续做着游戏广告业务，一边上线了团美网（聚美优品前身）。团美网正品平价的形象通过口碑相传，在短期内发展迅速，而后更名为聚美优品。

随后，在徐小平的支持下，陈欧将之前的游戏广告业务全部停掉，专注于聚美优品的发展，并且徐小平再次投资了200万美元。

陈欧借助朋友的推荐找到他的天使投资人是极其幸运的。如果没有徐小平，谁也不知道会不会有聚美优品。

如果投资者正在寻找投资项目，投资者应当尽可能将这一信息传播到相应的人际交往圈子里。不管是投资者的家人、朋友还是同事，他们都有可能为投资者引荐投资项目。对投资人来说，如果你的引荐人恰好是他的熟人，他们会更愿意投资，这就是信任的力量。

朋友的引荐是寻找投资人的有效方法。当然，这种方法也是非常考验个人魅力和口碑的。

12.1.3 识别优质项目

项目好坏可以从市场竞争程度及用户需求来判断。市场可分为蓝海市场和红海市场。

如果这个行业里，参与者少，市场增长潜力大，那就是蓝海市场。对投资金额比较小的投资者来说，最好的就是蓝海市场，蓝海市场做调研相对容易，被投项目也相对透明。另外，如果后期有大额资本的注入，更容易将项目做大。

如果不是蓝海市场，就要分析红海市场。红海市场门槛有四种：技术门槛、品牌门槛、规模效应门槛、平台效应门槛。如果有这四个门槛，就很容易变成赢家通吃的市场。

项目也可以用用户需求来判断。一个有价值的项目，首先是有用户价值。渠道为王的逻辑已经开始转变，用户才是核心，一个有用户价值的公司，才可能拥有更高的投资价值。可以通过以下 4 点，判断一个项目是否有用户价值。

第一，以用户为中心。该公司是否有精准的用户群，如果一个项目什么用户都去做，没有精准的用户群体定位，那么它就要通过不同的产品满足不同的用户需求，自己的成本会很高，单一产品在用户心中的地位影响力较低。那么，后面扩展规模的挑战就非常大。

第二，细分用户对该产品需求的迫切程度。当产品聚焦到一类精准的用户之后，要去进一步细分精准用户的类型。要从需求最迫切的用户群开始切入。

第三，从实际问题着手。就是要了解是什么让创业者有了做这个项目的初心，最好是他发现了一个问题，甚至有过切肤之痛，而决心要通过自己的行动去解决这个问题，或改善这个现状，这就是个很好的初心。

对于一个好项目，既要有强大的市场，又要有强烈的用户需求，同时要有相对的竞争优势。

12.2 对团队的尽职调查

大多数投资者都知道完善项目的重要性，而忽略了尽职调查展开后紧接着应该做的一些事。首先一起看看当投资人开始深入调查创始人团队背景时，应该做好的准备。

12.2.1 列表履历复核

列表履历复核的主要内容是看第三方推荐人对创业者的评价。一般来说，投资人会要求创业者提供一份联系人列表，这些人充当了推荐人的角色，对创业者的信誉和专业技术水平做出担保。就像相亲的时候，双方愿意听一下亲友团对相亲对象的评价一样。

理想的列表履历做好包含知名人士的背书，必要时一个口才好的下属也能发挥作用。

对投资人来说，如果创业者找不到推荐人，说明能力不足。他们怎么能相信一个找不到推荐人的创业者可以领导好合作伙伴和员工？

即便是找到了推荐人，最后的结果也可能不尽人意。因为推荐人的赞美可能只是轻描淡写地一笔带过。也就是说，投资人希望从推荐人口中听到他们所关注的创业者具有足以打动人心的举动和堪称典范的品质。

另外，投资人还需要注意选择的推荐人是否会对创业者有负面评价。比如，推荐人对投资人说“他比较难相处”“他有点固执己见”等。

当然，没有十全十美的创业者，投资人需要自己进行权衡。

12.2.2　列表外履历复核

互联网技术的发展让投资人非常轻易就能从网上获得创业者背景和经历方面的信息。在尽职调查过程中，投资人不仅会根据创业者自己列出的联系人名单看推荐人对创业者的评价，还会通过在网上掌握的创业者的社会关系列出一份联系人名单，然后分别拜访他们，调查创业者的相关情况，这就是列表外履历复核。

所以，投资人给钱时爽快不代表他们容易被糊弄，因为他们很可能在给钱之前已经和你周围的伙伴们有过接触了。

投资人认为，如果创业公司正处于一个积极的转折点，而且公司遭遇挑战急需资金的时候，他们很难通过列表履历复核获得有关创业者的真实信息，所以列表外履历复核是非常重要的。

投资人进行列表外履历复核的工作就像模式识别，每个投资人都有自己的一套标准，赞赏什么样的品质或者认为哪些性格特征需要摒弃。下面列举了投资人列表外履历复核重点考察创业者的四个方面。

第一，投资人首先要看的就是创业者的个性是否让人难以忍受。当然，个性好坏与是否能够取得重大成就没有绝对联系，以史蒂夫·乔布斯和比尔·盖茨为例，他们年轻的时候性格都让人抓狂，但是仍然取得了巨大成就。因此，投资人需要知道创业者是否容易相处，但不会因此做出投资或不投资的决定。

第二，投资人还关心创业者的性格是否偏执。事实上，很多投资人都认为偏执是创业公司创始人的必备要素。因为一支优秀的创业团队应始终保持着这样的意识：再不行动就要出局了。投资人要的就是那些致力于在最短时间内获得最高效益的人。

第三，投资人希望知道创业者是否具有全局意识和远见。对投资人来说，创业者是不是超高学历并不重要，履历表上没有蓝筹股公司也没有关系，因为他们在乎的是你对市场有没有超乎常人的敏锐洞察力，是否能准确预估市场未来 5 年的趋势。

有的创业者已经四五十岁了，但是他们还是卖掉了近十亿的公司然后重新创业，还有的创业者还不到 20 岁，但他们已经全身心投入到创业事业中。他们有一个共同点，那就是都对市场有着狂热的追求。如果投资人问了你一个行业内的问题来衡量你的水平，但是你给不出答案，那么这是一个糟糕的事情，投资人有可能会因此放弃你。

第四，投资人还会考察创业者对竞争的认识是否充分。充分认识到创业所面临的最大竞争是创业者成熟的标志之一。创业者应当认识到，风险投资机构力捧的明星创业公司或者哪个富有的创业者并不是最大的竞争，最大的挑战是市场需求是否长期持久。

12.3 投资的资金退出

投资者获利的根本来源是流动性的资本，在资本循环流动的过程中进行资本增值，而退出机制就是实现增值的有效途径，也保证了资本的良性循环。风险投资者在进行投资之前，会了解公司的退出机制，因此，公司需要为投资者准备合理的退出方式供他们选择。

股份上市、股份转让、股份回购是公司为投资者准备的最常见的几种退出方式。在进行融资时，公司会将投资者的退出方式在计划书中展示出来，投资者可以根据公司提供的退出方式的合理性来判断是否进行投资。如果决定进行投资，这也是投资者在退出时选择对自己最有利的退出方式的一个依据。

12.3.1 股份上市

上市融资是最佳的退出方式。

股份上市是以公司挂牌上市的方式使投资者实现资本退出，上市有主板上市和二板上市两种。这种方式是公司在证券市场向大众发行股票，投资者在这个过程中将自己的资本转化为股权，获得收益，实现资本增值。因为一些企业没有达到在主板上市的要求，他们会选择在美国纳斯达克等创业板市场上市。

美国通过对资本退出方式进行调查，发现有 1/3 的投资者会选择股份上市的退出方式，因为这种方式回报率高，有的甚至可以达到 700% 左右。所以，股份上市被认为是退出资本的最好的方式。但是这种方式会有资本市场成熟程度方面的影响，大部分中小型企业达不到上市的标准。这就为投资者带来了风险和选择的余地大小。

为了使投资者消除这些顾虑，准备了此种退出方式的公司应该对自己公司的上市有一个大致的计划，某智能手机的商业计划书就采取了如下的做法。

上市：本公司会选择 IPO 或借壳上市的方式来使股票实现流通，并且公司有明确的上市计划，在 5 年之内将公司发展到可以达到上市的标准。与此同时，会适当地进行融资使资本得到良性的循环，尽快实现上市的目标。在此之后，投资者可以以抛售股票的方式从公司退出。

在计划书中，该公司并没有只把上市这一退出方式列举出来，而是将自己公司的上市计划做了一个大致的描述，将公司的上市时间以及为公司上市所准备的措施展示了出来。比如，基金资金、上市前融资、增加资产负债率、合理运用上市公关等。看到这些，投资人就会减少对公司无法成功上市的担心，这样一来，就比那些只把方式列在那里的公司更加有优势，获得投资的概率也会增大。

12.3.2 股份转让

股份转让也是投资者退出的一种方式。随着公司不断扩大发展，需要的资金也就会更多。如果投资者不想或者是没有能力接着为公司投资，那么他们就可以通过股份转让的形式退出，把自己的股份转让给他人，收回自己的部分或所有资金，再用收回的资金为其他公司投资，实现资金的循环流动。

这种方式可以为投资者带来 3.5 倍左右的收益，是投资者喜欢的仅次于股份上市的第二种方式。这种方式分为两种类型。

1. 离岸股权交易

其主体为境外投资者，境外投资者对国内的创业公司进行投资的时候，首先会在一些管制宽松和税负较轻的离岸法区注册一家概念股公司。注册的公司将会作为壳公司进行对国内创业公司投资，而投资者则通过该壳公司间接持有在国内的外商投资企业的股权。

对于境外投资者来说，在管制宽松和税负较轻的地区设置壳公司，有助于他们日后对外商投资企业的重组。在离岸股权交易中，外商投资企业本身的股权没有发生变更，变的只是企业股东。

离岸股权交易只适用境外壳公司所在司法区的法律，并接受该司法区监管部门的管辖。

2. 国内股权交易

国内股权转让是指投资者直接出售国内公司的股权，从而实现退出。接收股权的投资者既可以是其他境外投资者，也可以是国内投资者。国内股权交易包括私下协议转让、在区域股权交易中心（四板）公开挂牌转让等。

如果投资者通过股权转让的方式退出，对公司的股权结构不会有影响。因为公司只是发生了股东变化，其他未转让股权的股东不受影响。

比如，公司的股权结构为 40%、30%、20% 和 10%，持有 10% 股权的股东通过股权转让退出，公司的股权结构依然为 40%、30%、20% 和 10%。不同的是，持有 10% 股权的股东发生了变化。

因此，如果将来投资者试图通过这种方式退出，创业者不需要忧虑过多。

但股份转让的过程中面临着复杂的内部决策以及烦琐的法律程序，这些都可能成为股份无法成功转让的影响因素，使投资者面临着无法用这种方式顺利退出的风险。

12.3.3 股份回购

股份回购是公司的管理层和股东对投资者的股份进行回购的一种退出方式。这种方式下的投资者获得的退出收益相比前两种来说相对较低，只有 20% 左右，但这是一种较为稳定的方式。

从公司方面来看，股份回购可以使公司被完整地保留下来，维持公司的整体性和独立性。可以将资本退出的损失降到最小，不至于影响公司的运营。公司管理者可以对规模已经扩大的公司进行更好的把控，增加了他对公司的控制权。而且这种方式相对比较简单，过程中的成本投入也比较少。

从投资者方面来看，相对于股份上市和股份转让来说，他们得到的收益很低，并且还需要公司的管理者可以找到其他的融资作为杠杆，以便为股份回购提供资金方面的支持。股份回购的方式比较适合日常经营顺利、发展稳定，但是没有希望达到上市标准的公司。在这样的情况下，投资者会向公司转让他的股份套现。

对投资者来说，股份回购可作为备用选择，因为股份回购可让公司和投资者实现双赢，所以，股份回购的退出方式发展得十分迅速，已经成为美国投资者资本退出的主要方式。虽然在我国采取此种退出方式的案例数量目前并不是很多。

但是，通过分析股份回购退出方式的发展趋势，不难看出这种方式很有可能成为以后投资者退出投资的一种现实选择。

12.3.4 公司清理

公司清理退出方式是对于已经失败的投资的一种退出方式。投资失败之后，投资者为了尽量使残留资本收回得多一些，会采取这种方式。这是投资者最不愿意看到的一种退出方式。

清算是为尽量减少企业在破产前的损失而做出的财务行为，主要分为破产清算和解散清算。破产清算是公司不能按时偿还债务，在宣告破产后由法院按照规定对公司进行清算。解散清算是依照相应的清算程序解散公司的做法。公司一旦进入清算程序也就代表着公司生命的结束。

公司的清算需要一定成本，并且程序较为复杂，耗时也较长。所以，并不是所有投资失败的公司都有进行清算的必要，如果公司的债务不多，而且债权人也不予追究，那么公司和投资者都不会去进行公司清算，会选择其他的方式经营公司，再对公司剩余价值的分配进行协商。

公司清算退出对于投资者来说是一种不得已的选择，虽然投资亏损，得到的是负的收益，但至少还可以收回一些投资资金，是投资者在投资失败时可以将自己的损失降到最低的一种方式。

第13章

甩手掌柜式项目：聘请职业经理人，全额出资不参与管理

在众多的投资者中，还有一种投资方式时常会出现的，它可以称为“甩手掌柜式项目”。也就是投资者只投出部分资金支持项目的运作，但是在实际运作中，不插手任何事项的管理，而是选择聘请相关运营团队进行企业与项目的管理工作。

13.1 聘请运营的极限挑战

聘请专业的经理人打理公司是一些投资者可选择的理财方式。因为专业的经理人是将企业的运营、公司的管理为重要任务的专业管理人员，可以说职业经理人就是投资者的“保姆”。对投资者来说，聘请职业经理人来管理自己的投资是一项名副其实的“极限挑战”。

13.1.1 寻找合适的职业经理人

职业经理人是人力资本市场中的“金领”人才，全面负责企业经营管理。对于投资者来说，职业经理人拥有着非常重要的地位，掌握着自己投资项目的经营管理权。

一位优秀的职业经理人可以给投资者带来巨大的经济利益，甚至可能改变一位投资者的命运。反之，一个糟糕的职业经理人会给投资者带来诸多不良影响。如此看来，投资者想找到一位对自己有价值的职业经理人并不那么容易。

通常情况下，投资者可以利用互联网的数据信息来查询职业经理人的有关信息。

1. 基础信息

大数据能够搜集分析大量信息，投资者将大数据分析应用于职业经理人简历的筛选、个人基础信息处理和以往的职业经历的验证等。

2. 信用调查信息

比如，被调查者是否有过民事或刑事诉讼，是否有过银行的失信记录等，这些信息能够直接反映出其人品与信用。

3. 生活轨迹、个人喜好

投资者可以通过朋友圈等方式了解被调查者的出行信息、消费信息等，以此来分析其性格特点，以及是否与自己想要找的职业经理人相匹配。

综上，用互联网大数据技术能够让投资者更准确地进行职业经理人评估，从而找到真正匹配自己的职业经理人，减少损失，创造价值。

13.1.2 职业经理人管理能力审核

投资者在拟定职业经理人后，需要对其管理能力做审核。职业经理人的管理能力大致分为以下九种。

（1）时间管理能力。职业经理应提高时间管理能力，从而提高投资者的理财效率。因此，高效的时间管理也优秀的经理人必备的能力。

（2）沟通能力。有这样一种说法："职业经理人把 70% 的时间都用于沟通。"由此可见，职业经理人必须花大量的时间和精力用于解决沟通问题。

（3）目标管理能力。职业经理人不仅要为自己设立目标，更要具备良好的目标管理能力，能够带领投资者一起向目标努力。

（4）团队激励能力。在职业经理人所在的公司中，他能否靠自己的激励能力促进团队的发展。

（5）效绩评估能力。这要求职业经理人需要和其下属保持效绩伙伴的关系，也就是要负责下属工作效绩的提升。

（6）领导能力。领导能力较强的职业经理人能让下属努力完成公司目标。

（7）培训技能。如果职业经理人不懂得如何去锻炼、培养、辅导自己的下属，那么下属很有可能不具备应该拥有的能力。

13.1.3 职业经理人法律约束条款

职业经理人的外部约束指法律、社会道德等各种社会机制对职业经理人的约束，其中法律约束的内容，如图 13-1 所示：

图 13-1　法律约束内容

（1）《公司法》约束：《公司法》不仅对企业的地位及行为作出了明确的法律规范，而且第 148-153 条宏观规定了职业经理人的责任和义务，这能够让《公司法》对职业经理人发挥应有的法律约束。

（2）职业经理人法规约束：考虑到职业经理人在经济活动中的重要性，国家对职业经理人的行为做出明确法律规范，既约束其行为在法律范围内，也应保护职业经理人的合法权益。

（3）刑法和民法约束：为了更好地保护民营经济和私人财产，国家从刑法和民法角度，从法律上加强对投资者财产的保护力度，进一步减少或避免职业经理人对民营经济投资人私人财产侵害的行为。

13.2 风控管理

由于甩手掌柜式项目非本人新自现场管理，很有可能出现因管理者自身原因造成的行为风险，例如管理者监守自盗、培训考核不达标等。

13.2.1 什么样的项目，使风险可控

实际上，没有一个项目能做到百分之百风险可控。但是，在项目开始之前，投资者进行项目风险评估，增强抵御风险的能力。

项目风险评估分为定性和定量两种方式。采用何种方法进行项目风险评估，取决于风险发生的概率和风险的来源以及风险的影响程度和投资者对风险的态度。

在项目风险评估中，应主要注意以下三个方面的风险评估，如图 13-2 所示。

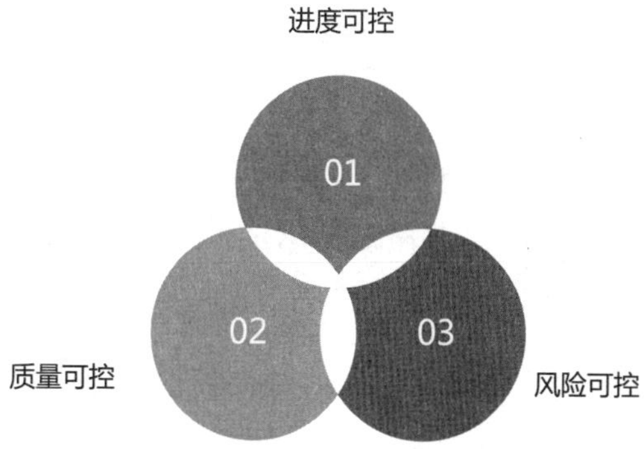

图 13-2　风险评估三方面

1. 进度可控

项目按项目计划进行，在客观条件不变的情况下，合理调配资源，优化工作流程，项目可以较好地按计划进行，允许小阶段内灵活性变化但整体稳中前进。

2. 质量可控

项目进行到每个不同阶段，质量可控都能对其质量进行有效控制，并实时检查和监督，及时修正问题，促进质量发展。

3. 风险可控

作为比较重要的控制内容，投资者需要项目开始前就能够预测到项目可能会出现的风险，并能对可能出现的风险提供多种解决办法。

因此，投资者可根据标注对项目风险程度进行排序，并确定采用何种方式应对风险。

13.2.2 财务监控系统如何建立

张朋是一名投资人，他加盟了一个餐饮项目。由于自己没有精力打理，于是请了一名职业经理人刘志来管理。

由于没有发现财务异常，职业经理人刘志禁不住手中流动资金的诱惑，竟然在收到钱后不入账，非法占有了 9 万元。

张朋发现后，及时设置了财务监控系统，并追回了损失。

财务监控系统是指投资者在财务活动中，充分利用网络系统获得适时财务信息，对资金流实施及时、适当地跟踪监督和控制，以消除无效益的资金占用，提高资金使用的效率、效果，确保自身财务目标的实现。

投资者财务监控系统需要具备以下特性，如图 13-3 所示。

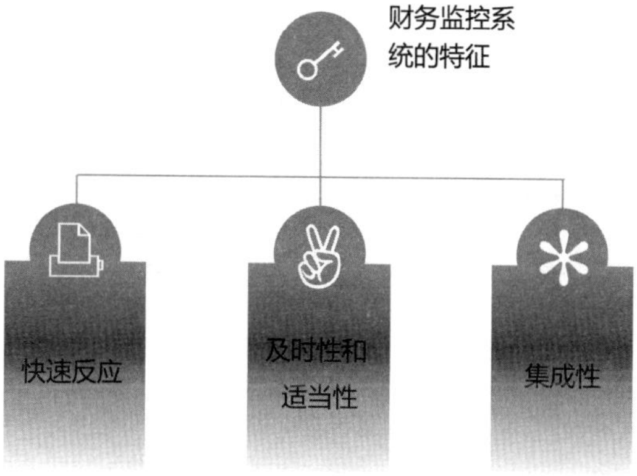

图 13-3　财务监控系统的特征

1. 快速反应

当今信息网络化和市场的竞争都非常激烈，投资者只有建立财务监控系统，才能对市场变化做出快速反应，并及时纠错，降低风险的发生。

2. 及时性和适当性

在网络化的条件下，投资者必须及时获得所需的信息，这可以达到既节约成本又提高监控的效率和效果的目的。

3. 集成性

财务监控系统不是独立的运作系统，必须是一个与投资者其他监控系统融合为一体的集成性系统。

要建立一套财务监控系统，必须抓好两项关键的基础工作。

一方面，建立集成化的价值流数据库：要建立财务监控系统，及时将投资者的业务信息流、资金流和物流信息集成于一个价值流数据库。

另一方面，构建网络财务系统的价值流责任单元：投资者应建立责任制单元，与事前、事中财务监控数据流及财务管理密切配合。

13.2.3 采购监控系统如何建立

除了财务监控外，采购也要建立监控系统。采购监控是指对采购活动进行的监控，其主要目的是保证实现采购工作的目标和完成。因此，投资者需要采取各种措施，尽快实现采购的目标。

采购监控系统的建立可以从6个方面来入手，如图13-4所示：

图13-4 采购监控系统的建立

1. 采购目标：采购目标要明确，不能随意变动。

2. 采购方式：常用的采购方式主要有三种，即议价采购、比价采购和招标采购。

3. 采购人员：一是加强采购人员的素质管理。加强对采购人员业务水平的监管；及时对采购人员进行培训，提高其思维和应变能力。二是制定采购人员行为规范。要经常就规范加以宣传，一旦有人违反该行为规范，应及时、严格执行奖惩。

4. 采购资金：管理者应建立起严格易执行的规章制度，建立切实有效的货款的支付方式，根据对方信用等级和可能承担的风险情况进行处理。采购时应严格规范采购人员对采购资金的使用，管理者应坚持保证生产的节约原则，并熟悉采购流程。

5. 采购信息管理：采购员在采购过程应中应及时向管理者反映采购

信息。采购业务的顺利进行也依赖于反馈信息在各部门之间的传递。

6. 采购货物接收：采购的货物到达合同约定的场所时，应及时进行验收，对于合格的货物，要尽快接收；对于不合格的货物，要视情况做出不同的处理。

13.3 甩手掌柜：打造一个赚钱机器

现代企业管理中，投资者不再需要亲力亲为。投资者要做的是找准一个好的项目并进行投资，由专人对项目进行管理。唯有好的项目和好的管理者才能让投资者，做一个有效的“甩手掌柜”。

13.3.1 从 0 到 1 开家社区便利店

在上海一家便利店，投资人孙先生初始投资了 80 万元，经过管理团队 3 年的经营，现在每月的纯利润约 6 万元，这样的业绩超过多数便利店经营者。

在项目选择及房屋租赁上，由孙先生负责。

孙先生比较了 20 多个店面，最终选择了位于一个十字路口店面，十字路口的客流量大，人们购物的概率高，便利店更容易生存。

位置定好后，孙先生招聘了 1 个店长，5 个店员。为了加强团队凝聚力，孙先生制定了绩效激励的规则，促使店员多卖货。

同时，在采购方面孙先生设置了对比制。制度规定如果供货商供货价格高于同类超市价格销售价格 30%，则更换供货商。同时，如果采购人员寻找到低于现在供货价格的渠道，则获得 1 000 元奖励。

在财务上，孙先生实施每日汇总制，并每周一天由专人负责对收银处监控进行抽查，一经发现辞退处理，并根据劳务合同规定赔偿损失。

在货品分配与布局上，孙先生参考了多家优秀便利店的经验进行小幅度改进。

孙先生用这种模式，用了 14 个月收回了所有投资，之后每个月都能获得丰厚的回报。

后来，孙先生用相同的方式又开设了两家便利店。

13.3.2 从 0 到 1 开家写字楼快餐店

上班族由于忙碌的工作，因此无心自己做饭，就连吃饭也是希望速战速决的。虽然当今社会外卖行业繁盛，但是由于质量和配送速度等问题，也会让白领一族有所担忧，因此快餐店会成为他们的首选之一。

在写字楼中开一家快餐店，给休息时间仅有不到一个小时的白领一族，在较近距离之内，提供高品质的饭菜以及零食和饮品，既方便了他们的时间，又能让他们放心饮食，一举两得。

那么，投资者在写字楼中开家快餐店需要注意什么，如图 13-5 所示。

图 13-5　写字楼中快餐店的特点

1. 地点选择佳

投资者对于快餐店的地点选择很重要，并不是选择将快餐店开在写字楼中就可以了，还需要便于人们的消费。最佳地点是靠近大门的一楼。上班族进出都是需要经过写字楼一楼的，因此将快餐店开在一楼便于上班族采购饮食。或者可以将快餐店开在中间楼层，也能方便写字楼中不同层次的上班族购买食物。

房屋面积不需要太大，因为大多数上班族都会选择打包带走的方式购买，但依旧需要设立部门座椅以便顾客的需要。

2. 餐饮质量好

虽然上班族就餐的时间较短，但是对于食物的品质要求还是有明确想法的。因此，投资者要注重餐饮的质量，既不能有安全隐患，而且要尽量美味，这样才能吸引大量的上班族前来购买。

而且店中的环境也要干净整洁，因为在环境杂乱的快餐店中的食物，上班族是不会相信它是干净卫生的。

3. 出餐速度快

由于快餐店面对的是上班族，而根据上班族工作忙碌的性质，让其没有时间过多等待，因此，快餐店的出餐速度一定要相对快一些，每位上班族等待的时间绝不能超过 5 分钟。

掌握了上述技巧后，我们再提供一个甩手掌柜周女士的案例。

周女士是一家互联网企业高管，比较喜欢美食，但中午的午餐很少令自己满意，于是便突发奇想，要开设一个快餐店。

周女士在网上搜索了大量关于快餐店的管理方法，决定投资 40 万元实施自己的计划。

由于公司附近为高新区，商业配套还不完善，于是周女士以相对较低的价格租下了一个店铺。

为了降低风险，周女士初期就定下了低成本运营的目标。于是在网上招聘 3 个店员，主打早餐与午餐。

为了降低工作强度，孙女士安排店员采购供应商提供的冷冻包子，店员只需要加工豆浆、鸡蛋即可。

午餐时，孙女士使用了同样的方法，由供应商提供数十种套餐。由 3 个店员负责简单加热和销售。

传统的快餐店中，厨师是一个充满变数的岗位。因厨师离职导致利润下滑的店面有很多。孙女士用互联网思维的方式，省去了厨师这一岗位。由以生产为主导的模式转变为以销售为主导的模式，不仅节约了成本，还实现了流程化管理。所以，快餐店很受欢迎，很快实现了盈利。

第 14 章

家庭信托：为家庭做长远规划

家庭信托是一种特别的投资方式，它可以将投资者的资产与身份分离开，当出现某些问题，如意外死亡、离婚、追债的时候，可以为投资者保住财产，不受外界因素的干扰。

本章将为大家深入介绍分析家庭信托的投资方式方法与意义。

14.1 常见家庭信托方式

家庭信托是投资者将家庭财产转移给信托机构，再由机构根据投资者的意愿将资产根据约定分配给各位受益人，以此来保障家族财富的不断延续。

常见的家庭信托方式包括信托公司、私人银行、第三方机构等，还可能是信托机构与私人银行的合作。

14.1.1 家庭信托的特征

根据投资者的需要，家庭信托具有以下几点特征。

1. 资产传承

投资者的资产在约定那一刻开始不再和其具有很大关系，保障了资产在投资者任何变动下都能顺利传承。

2. 财产隔离

即使投资者面临企业倒闭，破产清算也无法改变与信托机构的约定，其资产依旧根据当时的约定交到受益人手中。

3. 约束子女

很多投资者自身很优秀，但是下一代却没有很好的经营管理能力，因此，需要信托机构进行企业的打理，保障其子女未来生活的衣食无忧。

4. 保护信息

信托机构将对于委托人与受益人的信息进行保密，除非涉及法律，否则不会向外界透露，因此，有利于缓解家庭矛盾。

14.1.2 家庭信托的优势

家庭信托相对于遗嘱而言，优势更加鲜明，它将投资者的资本与身份分离开，即使在投资者自身出现任何情况变化的时候，也能顺利延续资本，不受外界因素干扰。

而遗嘱根据法律规定的继承顺序，继承条件来进行资产的继承，且和投资者当时的具体情况来判定继承。

由此可见，家庭信托这种投资方式更能为投资者带来资本传承的希望。

14.1.3 信托公司是如何理财的

要了解信托公司的运作方式，首先需要了解信托公司的经营业务。

信托公司的信托业务分为主动管理型信托业务和事务管理型信托业务两种。

前者主要包括融资类业务和投资类业务，融资类业务为房地产开发、基建和其他，投资类业务为证券投资、间接投资、全权委托管理和家族信托等。事务管理型信托业务主要处理一些日常事务，具体实行的投资由信托人自行负责。

典型标资产也是信托类型之一，主要委托客户为公司或机构。委托客户作为投资一方，投标的资产是贷款、上市股权及债务证券、基金股权、证券投资基金、资产管理计划、有限合伙权益、信托计划及货币资产。

信托公司需要做的调查是看信托资产及信托目的是否合法。

融资或投资类信托业务主要客户为某公司、机构客户和投资者，投资方是受托人，投标的资产有所区别，融资类的标的资产是贷款及货币资产，投资类标的资产以上市股权、债务证券、基金股权、证券基金、资产管理计划为主，信托公司按照相关规定对资金目的的合法性进行调查，并且对交易对手、项目具体内容、资产实际情况等进行调查，如图 14-1 所示。

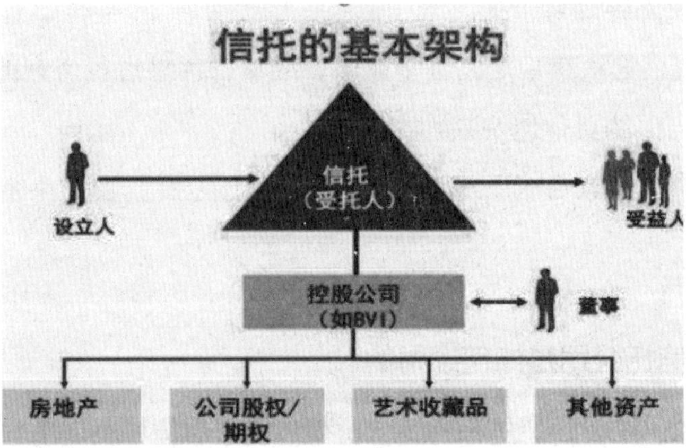

图 14-1　信托业务的基本框架

由上图可以看出信托包含哪些内容，并且这些内容是以何种形式为投资者进行财富保值与增值的，其投资人与受益人和财富的关系是怎样的。

14.2 家庭信托计划

在家庭信托中，投资者一旦将资产委托给信托机构，财产的所有权将不再是其本人，但它会遵循投资者的意愿分配财产。投资者即使面临离婚、追债、死亡，这笔财产都会独立存在不受影响。

家庭信托可以实现为投资者合理地进行财务规划与财富传承，它逐渐被中国的投资者所认可。

14.2.1 集合式信托理财

集合信托和单一信托存在明显差异。

1. 单一信托

单一信托，指信托公司受到个体委托人的资金委托，根据委托人指定的管理方式，或由信托公司指定的管理方式，对资产进行单独管理和货币资金的信托。

特征 1：差异性

单一信托委托人对风险和收益存在不同需求，对于期限要求也不同，具体问题应体现在信托合同条款上。因此单一资金信托合同个体差异性也较大。

特征 2：私密性

单一资金信托业务的信息没有公开的要求，私密性较强。

2. 集合信托

集合信托需要受托人把两个或两个以上委托人交付的信托财产集合，以受托人自己的名义对所接受委托的财产进行管理、运用或处分的方式。

特征 1：它为自益信托。

特征 2：它存在众多的委托人，从而相应地也就存在众多的受益人。

特征 3：它的信托财产是多个委托人个人财产的集合。集合信托是明示信托的一种，适用规定和一般信托类似。除此之外，考虑到各种集合信托的执行条件和受托人条件、对益权的满足和运作过程的监督的特殊性，国家对个人信托的执行制定了信托特别法。

3. 两种信托的几大区别

两者的显著区别似乎只在于委托人的数量。实际上，两者的差异远不止于此，主要有以下三方面。

（1）单一信托的委托人的地位和集合信托中委托人的地位有着重大差异

集合信托产品属于信托公司制造，信托公司在信托产品制造中起主导作用。根据项目不同，信托产品的交易结构采用不同设计，信托合同也由信托公司拟定，集合信托的资金运行方式差异也深受信托公司设计影响。

单一信托中，受托人的作用较为灵活。例如，在非指定用途的资金信托中，资金的运用对象和运用方式，主要由受托人设定；在指定用途信托中，受托人则起主导作用。委托人可以指定资金运用方式和对象，显示了委托人在信托过程中的主导地位。

（2）集合信托产品的投资人以自然人为主，而单一信托的委托人以机构为主

由于单一信托的委托人数量较少，如果其资金数量也很小，资金则较难运作，因此委托人通常会将资金投入单笔资金较大的机构。集合信托通常为对数量较多投资者的整体资金进行统一运用，单个投资者虽然有一定的条件要求，但仍可吸引社会投资者参与投资。

（3）交易结构上，集合信托产品经常借助于受益权分层分级。

集合信托产品会根据产品的受益权进行分级，保障社会投资者应有的权益。例如，在股权或证券投资类投资产品中受益权主要体现在信用等级上。

单一信托和集合信托产品主要针对单一项目，操作较为容易。

14.2.2 婚姻家庭信托计划

由于不少家庭的财富积累较多，财富增长速度较快，这类家庭因离婚而造成的财富风险也明显增加。

众多投资者可在婚前设立家族信托，减少婚后财产分割带来的损失。婚姻不仅是两个人的结合，也是资产权利的结合，婚姻的破裂成为未来财务的风险之一。

家族信托是对个人财产的保护，受益人的设定可视为财产收益的最终安排，受益人的财产不参加离婚后的财产分配。企业家婚变时，夫妻财产分割涉及公司股权分配，会对企业运营产生重大影响。不少企业家因离婚涉及财产和股权分割，企业发展也因此受阻。因此风投和基金项目也会将企业创始人的婚姻情况作为重要参考因素。

例如，某公司总裁在赴美上市之际，其前妻要求重新分配股权。理由是在双方婚姻存续期间，该公司总裁占有该公司 95% 的股份，其中 76% 为夫妻共有财产。该公司总裁前妻对财产分配问题提起诉讼后，法院立即冻结了该公司 38% 的股份并禁止转让。此次离婚官司也使该公司的上市计划推迟。

最终，该公司总裁花费 1 年时间和 700 万美元的代价才了结诉讼。当他再次融资时，已经错过了上市的黄金时期，公司上市后境遇惨淡，首日股票即下跌 12%，公司市值也仅为 7.1 亿美元，最终公司被同行业另一家公司收购，该公司总裁也被迫辞职。

由以上案例可以看出，企业家因离婚而影响了企业的发展。面对类似的情况，建议采用家族信托的方式，对财产和股权进行转让，确定受益人为自己或家族成员。在家族信托的保护下，无论企业家婚姻状况是否受到影响变化，都不会对公司股权产生影响。家族信托的应用也能保证离婚后信托内财产不被分割，从而避免影响公司股东投票权等受到影响。

婚姻是家族财富继承中不确定的因素之一。法律对于遗产的继承更偏向于配偶。因此，保全家族资产在婚变中完整传承，也是家族信托的重要内容。

14.2.3 信托税务筹划

信托的税务责任包括信托架构、资产分配、信托人税务居民身份确认和信托资产 4 个方面内容。

家族信托原因主要是出于对财产安全的考虑，债务对于后代的隔离保护，婚姻财产对于后代的隔离保护，资产的免费冻结，防止资产被后代挥霍和避免财产的继承纠纷等。

信托架构指不同类型的信托项目承担的责任有所不同。例如，全权酌情信托、保留权力酌情信托、固定权益信托和私人信托公司等。

上述信托类型根据信托设立人权力大小进行区分，主要包括可撤销信托或不可撤销信托。信托的类型和可撤销性会对信托的税务责任造成影响。信托架构还包括继承使受益人获得财产，除此之外，信托还包括以下几种形式。

（1）直接分配：信托直接将信托资产赠予受益人；

（2）发放贷款：信托以供贷款的形式向受益人提供信托资产；

（3）代其消费：直接满足受益人消费需求。例如，信托直接提供住房或汽车供受益人使用，或代替受益人支付教育或医疗费用等。

根据上述不同信托的受益安排，设计的税务责任也不尽相同。信托人士具体税务身份包括：委托人、保护人、投资经理和受益人。

税务居民身份取决于护照情况、永居资格，以及每年在某个国家或地区的居住天数等多个因素。每个国家的税务居民都至少拥有一个税务居民身份。依据相应税法规定，搞清楚信托架构中各相关人士的税务居民身份，并遵照该国对其税务居民在离岸家族信托中担任委托人、保护人、投资经理或受益人等情形的税务规定。若无相关规定，则税务责任可能暂不适用。

信托资产情况包括：资产所在地区、资产种类、资产价值和资产本身收入或增值情况等。

资产的范围除金融资产、企业股权以及房产等不同产外，私人飞机、游艇、艺术品收藏、专利等也属于资产范围。但是金融资产增值、公司涉及股权分红、私人飞机和游艇等租赁费用、艺术品的出售、专利授权等情况，所要承担的税务责任也各不相同，这些资产涉及不同的国家和地区，税负责任也会错综复杂。在信托过程中，信托人士应结合委托人的税务居民身份，制订详细的信托执行方案。

综上所述，界定信托项目的税务责任较为复杂，信托架构的设定、信托人士税务居民身份的分析，以及信托资产的增值情况的变化都会影响信托税务责任的界定。信托项目需要受托人、信托规划师以及税务师共同合作才能完成，共同降低税务的合规风险。

14.2.4 如何规避家庭信托风险

设立家族信托后，不仅财产管理有所保障，投资回报也相当可观。

投资者由于婚变造成财产不必要的“蒸发”，也可以由提前建立家庭信托避免。家族信托能在婚变发生前对财产进行保护，规避婚姻中的财富风险。

家族信托也能降低夫妻之间签订财产协议产生的隔阂。投资者进行婚前财产公证，需要夫妻双方共同在财产协议上签字才能使协议生效。但是家族信托则无须征得婚姻另一方的同意，可以在保密的情况下进行，降低签订财产协议对夫妻感情的影响。

家族信托还可防止动机不纯的婚姻：投资者为保证不让自己或子女的财产落入婚姻陷阱，采用家族信托的方式将财产指定受益人，避免离婚后财富落入他人手中。

默多克离婚后共支付第二任妻子 17 亿美元。吸取了这次教训后，在第三次婚姻时，他建立了三个信托项目对其名下公司股份进行保护。当默多克结束第三次婚姻时，前妻仅获得了两套房产，两个女儿获得 870 万美元基金，而他作为公司负责人则保有大量资产。

由以上案例可以看出，家族信托可以避免投资者在婚姻变动时必须面临的财产变化。

由此可见，家庭信托的建立保障了投资者的合法权益，有效规避了其他外来的风险，完成了资产的传承。

第15章

理财危机：理财困局如何破

任何一项投资理财都不可能一帆风顺。俗话说得好，常在河边走哪有不湿鞋，遇到危机不可怕，难能可贵的是要清楚，投资者该如何去破解危机。

15.1 私人借钱不还怎么办

不少人有“自己的钱借给亲朋好友多少年都要不回来”的情况。其实，亲朋好友之间相互借钱是比较正常和普遍的现象，比如很多的家庭遇到一些重大的或是突发性的超出支付能力的消费时，就会向亲朋好友求助，以渡过难关，比如要买房、买车、生病等。

但有时，原本施以援手的钱是借给亲朋好友救急之用，但结果是不仅救急的钱要不回来，连朋友关系也都随着信用的破裂一起破裂。 如果额度小，可以不做计较。如果额度比较大，该如何要回属于自己的钱呢？

15.1.1 跟借款人私下沟通还款

首先可以先进行电话沟通，也可以当面沟通。在沟通时将具体的还款时间做好约定。如果过了约定的还款时间还没有还款，看看借款人做何解释。

真正讲信用的人，在出借人做出初次善意的提醒时，一般会在约定时间还上欠款，甚至根本就不用提醒就会在约定时间前还上欠款。

15.1.2 找借款人的至亲好友帮忙催促还款

当自己直接去联系借款人无明显作用时，可以尝试寻找与借款人日常关系比较好的至亲或朋友帮忙，只要善意地提醒借款人该还钱了，一般就可以达到催款的效果。

普通人的社会交往结构很多建立在“熟人社会”的基础模式上，有些借款人比较介意在亲朋好友面前的形象，有可能就会尽快还钱。对于绝大多数人来说，一般走完以上这两步，钱也就该还上了。如果继续恶意不还的，再用下一步。

15.1.3 发律师函

发律师函之前，一定要首先查明借款人的实际经济情况，是否有房、有车、有存款等资产；是否有稳定的工作，每月收入多少；家庭主要成员收入的大致情况等。

对资产状况的调查相当重要，一定要查明借款人的还款能力。如果借款人真是一贫如洗，又没收入来源，任何的催讨方法都没多大用。

当然，如果借款人有还款能力，却恶意不还的话，可找专业律师发律师函，正式宣告将使用法律的武器保护自己的合法权益不受侵犯。

一般经过这几步催收方法，绝大多数普通人收到律师函后，就会有一部分人主动把钱拿来还清债务，多数人还是怕打官司，尤其是名下有实际资产的人更怕打官司，对于很多人来说，打官司这件事并不光彩，且需要耗费大量的时间以及精力和金钱。

15.1.4 走法院诉讼途径

对于发律师函都无法起作用的，那就只有起诉这类借款人，一旦起诉后，法院就会根据实际情况冻结借款人的资产。现实之中，很多借款人在接到法院传票时就会主动私下和解处理，债务处理好后，最后撤回诉讼。

15.2 投资者踩雷后，该如何处置

投资有风险，长期投资下去很难做到一直不踩雷。既然可能的踩雷事故从长远来看不可避免，那么投资者就应该提前做好准备方案——如果出现事故应该采取的措施，也称为应急预案。现实的投资理财中，每位投资者也应该有自己的投资应急预案。

15.2.1 提防被二次伤害

比出了事故更可怕的是事故后再发生了一些伴生性事故。

比如，理财平台出现问题限制提现后，有部分平台会让投资者再次充值，比如规定充值一部分现金，然后就可以在这个资金的基础上加倍提取更多的资金到个人银行卡。很多人抵制不住诱惑，会继续投钱。

还有一类是让投资者用平台上个人原有的待收资金去换取平台的抵押物，抵押物诸如汽车、房产、家具等。

但实际情况往往是，那些抵押的房产会因为产权等各类问题很难过户，而且给投资者抵押的房产价值远远高于市场价。

所以，当发现大额投资亏损，投资者一定要理性。

15.2.2 及时止损

“股神”巴菲特在预想投资风险与挫折方面在投资界堪称表率。考虑到股票投资的高风险，巴菲特常常会做最坏的打算：“我从来都不会期望通过股市买卖股票赚钱。当我买入股票的时候，会假设股市第二天即将关闭，甚至在 5 年内股市都不会重新开始。”

在投资理财时，各种因素都具有不确定性。股票上涨还是下跌不能

确定，上涨或下跌多少也不能确定，上涨或下跌的时间更不能确定。其他投资产品也比较类似。

投资者的最终目的都是获利，但在每年年终盘点时盈利的投资者却并不多。因此，投资者需要常常自我反省。进入投资前，投资者首先应该考虑的不是能够赚多少钱，而是考虑最坏的情况，是否可以保证本金。投资者要明确自己能够承担的最高亏损比例、最大金额是多少。

并非任何人都能够承担投资失败的风险。投资者必须具备一定的风险控制能力与手段，投资者可以考虑这样几个问题：如果市场状况不好致使自己出现一定比例的亏损时，能否做到立即止损全身而退？

美国次级按揭房贷危机爆发，影响了全球各地的金融市场。在这一事件中，次级按揭借款人是最大的受害者。

美国次贷危机的起源是美国众多次级信用者，即收入不高或工作不稳定的人被美国按揭贷款中介机构所蒙蔽，没有考虑清楚就购买了他们根本负担不起的房子，并负担上高额的按揭贷款。

按揭贷款中介机构经常使用的一个非常有趣的谎言就是房地产价格会越涨越高，如果不买将来必定会后悔。如果放眼未来 10 年、20 年，这种说法是非常有道理的，因为随着时间推移，物价上涨是必定的。但是这不表示买房在任何时间去做都是对的，尤其是对于收入较低的人群。

次级按揭贷款中介商为了自己获利，不仅会编织谎言欺骗那些没有负担能力的人去买高价房，而且在征信时造假，完全不查实客户的年收入与年支出。更让人气愤的是，他们在贷款的利息条件上做手脚，引诱大家向他们借款买房。比如，购买一套房需要 30 万美元的房贷，他们可以出借 27 万 ~ 30 万美元，而前 3 年利息非常优惠，只有 3%。

许多人经过计算发现，如果借 30 万美元，每年只需交 9 000 美元的利息，而借 15 万美元的正常利息为 9 750 美元（正常 30 年贷款利率约 6.5％），两者相比，当然是借 30 万美元更优惠。再加上通过转卖房子即可大赚的引诱，很多人都选择了贷款买房。

然而，这些美国民众没有看到的是，贷款 30 万美元第四年的贷款利率将会升至 7％以上。这时候，贷款人不仅要负担起每年 2.1 万美元的利息，还要开始偿还本金。

这个案例告诉大家，凡事要从全局考虑，做出财务规划，最重要的是要考虑最坏的情况并及时止损。

最后，投资理财是一件需要长期坚持的事情，而投资本身就与风险相关。在这个过程中，可能会遇到一些不如意的事情，这时候就要多思考、多学习，不断对原有理财规划风险控制体系进行修正，才能真正打造出一个健康的财产体系。

读者意见反馈表

亲爱的读者：

感谢您对中国铁道出版社有限公司的支持，您的建议是我们不断改进工作的信息来源，您的需求是我们不断开拓创新的基础。为了更好地服务读者，出版更多的精品图书，希望您能在百忙之中抽出时间填写这份意见反馈表发给我们。随书纸制表格请在填好后剪下寄到：北京市西城区右安门西街8号中国铁道出版社有限公司大众出版中心 吕芰 收（邮编：100054）。此外，读者也可以直接通过电子邮件把意见反馈给我们，E-mail地址是：lvwen920@126.com。我们将选出意见中肯的热心读者，赠送本社的其他图书作为奖励。同时，我们将充分考虑您的意见和建议，并尽可能地给您满意的答复。谢谢！

所购书名：______________________

个人资料：

姓名：__________ 性别：__________ 年龄：__________ 文化程度：__________

职业：__________ 电话：__________ E-mail：__________

通信地址：______________________ 邮编：__________

您是如何得知本书的：

□书店宣传 □网络宣传 □展会促销 □出版社图书目录 □老师指定 □杂志、报纸等的介绍 □别人推荐

□其他（请指明）______________________

您从何处得到本书的：

□书店 □邮购 □商场、超市等卖场 □图书销售的网站 □培训学校 □其他

影响您购买本书的因素（可多选）：

□内容实用 □价格合理 □装帧设计精美 □带多媒体教学光盘 □优惠促销 □书评广告 □出版社知名度

□作者名气 □工作、生活和学习的需要 □其他

您对本书封面设计的满意程度：

□很满意 □比较满意 □一般 □不满意 □改进建议

您对本书的总体满意程度：

从文字的角度 □很满意 □比较满意 □一般 □不满意

从技术的角度 □很满意 □比较满意 □一般 □不满意

您希望书中图的比例是多少：

□少量的图片辅以大量的文字 □图文比例相当 □大量的图片辅以少量的文字

您希望本书的定价是多少：

本书最令您满意的是：

1.

2.

您在使用本书时遇到哪些困难：

1.

2.

您希望本书在哪些方面进行改进：

1.

2.

您需要购买哪些方面的图书？对我社现有图书有什么好的建议？

您更喜欢阅读哪些类型和层次的经管类书籍（可多选）？

□入门类 □精通类 □综合类 □问答类 □图解类 □查询手册类 □实例教程类

您在学习计算机的过程中有什么困难？

您的其他要求：